MUNIC
33
SRAEL
30

franz held
volker jarré

basketball

technik und training

BLV Verlagsgesellschaft
München Bern Wien

CIP-Kurztitelaufnahme der Deutschen Bibliothek

Held, Franz:
Basketball: Technik u. Training / Franz Held;
Volker Jarré. [Bildnachweis: Max Mühlberger].
Alle anderen Fotos von M. Helmer und H. Spichtinger. –
München, Bern, Wien: BLV Verlagsgesellschaft, 1979.
(blv Leistungssport)
ISBN 3-405-11837-9

NE: Jarré, Volker:

Bildnachweis:
Max Mühlberger: Seite 2,
alle anderen Fotos von
M. Helmer und H. Spichtinger

ISBN 3-405-11837-9

Titelfoto: Max Mühlberger, München
Grafiken: Hellmut Hoffmann, München

Satz und Druck: Georg Wagner, Nördlingen
Bindung: Conzella, Urban Meister, München

Printed in Germany

Inhaltsverzeichnis

Einführung

Als am 20. Januar 1892 am Springfield College in Massachusetts das Basketballspiel zum erstenmal einer kleinen Öffentlichkeit vorgestellt wurde, ahnte noch niemand, daß dieses Spiel in wenigen Jahrzehnten die ganze Welt erobern würde.
Zu Beginn der neunziger Jahre des vorigen Jahrhunderts beschäftigten sich die Direktoren mehrerer Colleges in den Vereinigten Staaten mit der Suche nach einem Spiel, das den ganzen Menschen körperlich beansprucht, während des ganzen Jahres im Freien oder in der Halle gespielt werden kann und im Gegensatz zum rauhen American Football steht, der damaligen Sportart Nummer eins, die aber manche Studienunterbrechung durch ernsthafte Verletzungen verursachte.
Der Turnlehrer Dr. James Naismith kam schließlich auf die Idee, anstatt der Tore am Ende des Spielfeldes Körbe als Ziel zu setzen und diese aufzuhängen. Diese Körbe konnten jedoch von einer Galerie aus erreicht werden, deshalb mußten sie vor dem Zugriff der Zuschauer geschützt werden, und man baute Spielbretter, an denen die Körbe befestigt wurden.
Diese Idee erwies sich für das Spiel als eine außerordentliche Bereicherung, da Bälle, die ihr Ziel verfehlten, nicht sofort ins Aus fielen, sondern vom Brett ins Spielfeld zurückprallten. Dadurch wurden die Spielunterbrechungen auf ein Minimum reduziert.
Auf dem europäischen Kontinent fand Basketball zuerst 1917 in Frankreich und kurz danach in England, Holland und der Schweiz Eingang. 15 Jahre später gaben die Schweiz, Italien und die Tschechoslowakei Anstoß zur Gründung des Internationalen Basketballverbandes, der FIBA.
1936 wurde Basketball in das olympische Programm aufgenommen. In Deutschland entwickelte sich nach den Olympischen Spielen der Spielverkehr mit den Nachbarländern. Aus der »Gesellschaft zur Förderung des Basketballspiels« entstand 1950 der Deutsche Basketball Bund (DBB), dem heute 14 Landesverbände mit nahezu 60 000 Mitgliedern angehören.

Spielgedanke

Auf einem relativ kleinen Spielfeld, 14×26 m, spielen zwei Mannschaften mit je 5 Spielern gegeneinander. Es wird versucht, möglichst viele Bälle in den gegnerischen Korb zu werfen und gleichzeitig den eigenen Korb zu verteidigen.

Basketball gilt als ein schnelles, technisch schwieriges Spiel. Aufgrund der geringen Spielfeldausmaße wird von den Spielern ein hohes Maß an Körperbeherrschung gefordert, um das »körperlose« Spiel zu gewährleisten. Die Foul-, Schritt- und Dribbelregeln verlangen eine ausgefeilte Technik, die Voraussetzung für ein geordnetes Mannschaftsspiel ist.

Methodisch-didaktische Vorbemerkungen

Dieses Buch stellt keine wissenschaftliche Abhandlung über das Basketballspiel dar. Es soll lediglich eine praktikable Anleitung für den Übungsleiter im Verein und den Sportlehrer an der Schule sein. Reichliche bildliche Darstellungen veranschaulichen die Bewegungsabläufe.
In den Kapiteln »Technik« und »Taktik« wurde nach allgemeinen methodischen Prinzipien vorgegangen, d. h. vom Leichten zum Schweren, vom Bekannten zum Unbekannten, von einfachen zu komplexen Übungsformen.
Das Übungsangebot zu den Grundtechniken wurde eingeteilt in

1. Erlernung	(Grobkoordination)
2. Verbesserung	(Feinkoordination)
3. Trainingsformen	(Anwendung der motorischen Fertigkeiten unter physischer Belastung),

so daß der Übungsleiter je nach Könnensstand der Gruppe eine Übungsauswahl treffen kann.

Zeichenerklärung

○	Angreifer		Sternschritt
×	Verteidiger		Blockstellung mit anschließendem Abrollen
⊗	Angreifer mit Ball		
- - - -►	Paßweg	—1—►	zeitliche Abfolge der Aktionen
——►	Laufweg eines Spielers ohne Ball	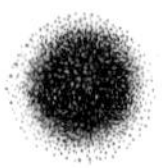	Schwachstellen im Verteidigungssystem
∿∿►	Laufweg eines Spielers mit Ball (Dribbling)	|⇒	Korbwurf
—►—(	Blockstellung	⇒	Korbdurchbruch

Technik

Unter dem Begriff Technik versteht man sportartspezifische Fertigkeiten. Diese motorischen Fertigkeiten zu erwerben, ist Aufgabe der Technikschulung.
Die basketballspezifischen Bewegungen sind durch die Spielregeln (Schritt-, Dribbel- und Foulregel und Spielfeldmaße) geprägt. Zum Erlernen dieser Fertigkeiten wird sowohl auf die Übungsform als auch auf die Spielform zurückgegriffen. Ziel der Technikschulung sollte die Anwendung der erworbenen motorischen Fertigkeiten im Mannschaftsspiel sein.

BASKETBALLGRUNDSTELLUNG

Sie zeichnet eine hohe Gleichgewichtsstabilität aus, so daß der Spieler nach allen Bewegungsrichtungen aktionsfähig ist, sowohl mit, als auch ohne Ball.

Technische Ausführung

Ohne Ball
Fußstellung hüftbreit parallel.
Beide Füße sind gleich belastet.
Knie sind leicht gebeugt.
Hüfte ist leicht gebeugt.
Die Arme sind aktionsbereit vor dem Körper.
Der Kopf ist erhoben, um das Spielgeschehen beobachten zu können.

Mit Ball
Körperhaltung wie oben.
Der Ball wird mit beiden Händen vor dem Körper in Hüfthöhe gehalten.

Methodische Reihe zum Erlernen

1. Die Spieler nehmen nach Vorbild des Lehrers die Grundstellung ein.
2. Die Spieler bewegen sich mit mäßigem Tempo im Raum. Auf Zeichen des Übungsleiters stoppen sie in der Grundstellung.
3. Freies Bewegen im Raum, auf Zeichen beidbeiniger Absprung und landen in der Grundstellung.
4. Wie oben mit Temposteigerung.

DRIBBLING

Unter dem Begriff Dribbling versteht man das Vorwärtstreiben des Balles mit einer Hand.
Man unterscheidet zwei Formen entsprechend ihren Funktionen,

- das tiefe (arhythmische, defensive) Dribbling
- das hohe (rhythmische, offensive) Dribbling.

Die wesentlichen Unterschiede liegen in der Art der Ballführung und der damit verbundenen Körperhaltung. Das tiefe Dribbling ermöglicht ein extremes Schützen des Balles vor dem Zugriff eines Verteidigers. Ein rascher Raumgewinn ist aufgrund der geringen Dribbelhöhe nicht möglich.
Mit dem hohen Dribbling kann der Ball mit maximaler Geschwindigkeit, z. B. bei Schnellangriffen oder Durchbrüchen zum Korb geführt werden.
Da der Ball laut Regel nur mit einer Hand gedribbelt werden darf, ist es unbedingt erforderlich, die ungeübte Hand ebenso zu schulen wie die geübte. Aus didaktisch-methodischen Gründen lassen wir den Schüler mit der ungeübten Hand die Übungsformen beginnen, um dann, nach Beherrschen der Grobform, auf die geübte zu wechseln. Hier können in der Regel einzelne methodische Schritte ausgelassen werden.
In zahlreichen Unterrichtsversuchen konnte festgestellt werden, daß sich auf diese Weise der Lernerfolg für beide Seiten – ungeübte und geübte Hand – in kürzerer Zeit einstellte, als bei einem Beginn mit der geübten Hand.

Das tiefe (arhythmische, defensive) Dribbling

Technische Ausführung

Basketballgrundstellung:
Die Knie sind leicht gebeugt.
Das Körpergewicht ruht auf den Fußballen.
Beide Beine sind gleich belastet.
Der entgegengesetzte Fuß der Dribbelhand ist vorgesetzt.
Der Ball wird seitlich vom Körper bis Hüfthöhe gedribbelt.
Der Körper schützt den Ball vor dem Zugriff des Gegners.
Armarbeit:
Die gespreizten Finger liegen am Ball.
Der Dribbelimpuls erfolgt durch Streckung des Ellbogens und Handgelenks.
Die Wiederaufnahme des Balles geschieht in umgekehrter Folge.
Der Ball wird dabei früh von der ballführenden Hand »aufgesaugt«.
Der Oberkörper bleibt ruhig.

1 Tiefes Dribbling

Methodische Reihe zum Erlernen

1. Fangspiel:
   Zu diesem Spiel werden keine technischen Erläuterungen des Dribbelvorgangs gegeben. Die Spieler bewegen sich frei dribbelnd im Raum. Mehrere (z. B. durch ein Band in der freien Hand) gekennzeichnete Fänger versuchen im Dribbling ihre Mitspieler abzuschlagen. Mit dem Abschlag übergibt der Fänger seinem gefangenen Mitspieler das Band und ist damit frei. Der gefangene Mitspieler wird zum Fänger. Die zu erwartenden technischen Schwierigkeiten sollen die Aufmerksamkeit der Spieler für die darauffolgenden Erläuterungen des Dribblings wecken.
2. Ballgewöhnung am Ort:
   Die Dribbeltechnik wird schrittweise erläutert.
   Dribbeln im Sitzen auf der Langbank:
   mit zwischenzeitlichem Aufstehen, mit Handwechsel.
   Dribbeln im Stand:
   in verschiedenen Körperhöhen auf ein Zeichen (Knie-, Hüft-, Brust-, Schulter- und Kopfhöhe), um den Körper, durch die geöffneten Beine.
3. Ballgewöhnung in der Bewegung:
   Dribbeln im Gehen:
   ohne Richtungsänderung, Verhältnis Schritt- zu Dribbelfrequenz 1:1, mit Richtungsänderungen und Handwechsel (Außenhand führt den Ball), entlang der Spielfeldmarkierungen, um den Körper, durch die Beine, auf Handzeichen vorwärts, rückwärts, seitwärts, diagonal.
   Dribbeln im Laufen:
   sämtliche Formen von Dribbeln im Gehen, in verschiedenen Lauf- und Sprungformen (z. B. Seitgalopp, Hüpfen einbeinig).

2 Dribbeln im Gleichtakt

Übungsformen zum Verbessern

- Dribbeln mit 2 Bällen im Gleichtakt
  am Ort (s. Abb. 2), im Gehen in verschiedene Richtungen, im Laufen in verschiedene Richtungen, Dribbelstaffel als Pendel- oder Umkehrstaffel.
- Dribbeln mit 2 Bällen im Wechseltakt
  am Ort (s. Abb. 3), im Gehen in verschiedene Richtungen.
- Arhythmisches Dribbeln am Ort mit 2 Bällen.
- Schattendribbeln partnerweise mit 2 Bällen (Verfolgen des Partners).
- Slalomdribbeln mit Handwechsel, die Außenhand führt beim Umdribbeln des Hindernisses den Ball (Ball schützen).

Trainingsformen

- Slalomdribbeln mit Handwechsel (enger Slalom).
- Dribbeln jeder gegen jeden mit gegenseitigem Wegschlagen des Balles.
- Dribbeln 1:1 mit gegenseitigem Wegschlagen des Balles.
- Dribbeln mit 2 Bällen im Gleichtakt unter erhöhtem Lauftempo:
  ohne Richtungsänderungen, mit Richtungsänderungen.
- Dribbeln gegen einen Verteidiger: 1:1, 1:2.

3 Dribbeln im Wechseltakt

- Slalomdribbeln mit Handwechsel in Wettkampfform, z. B. als Pendelstaffel oder Umkehrstaffel (enger Slalom).
- Dribbelstaffel (Pendel- oder Umkehrstaffel) mit 2 Bällen und Hindernissen auf der Wegstrecke.

Fehlerbild	**Korrekturmaßnahmen**
Der Ball wird mit der flachen Hand gedribbelt.	Dribbling mit Vor- und Rückführen des Balles (im Stand, im Gehen).
Nur die Fingerkuppen berühren den Ball.	Gegengleiches Dribbeln im Gehen mit laufendem Handwechsel. Der Ball wird mit der Außenhand geführt. Dribbling um den Körper und durch die Beine. Übungsschwerpunkte: Dribbeln mit locker gespreizten Fingern, Dribbeln mit freiem Handteller, Dribbeln mit Anpassen der Finger an die Ballkrümmung.

Fehlerbild	**Korrekturmaßnahmen**
Der Oberarm schwingt beim Dribbeln mit.	Sitz auf der Langbank: Dribbeln mit Aufstützen des Ellbogens auf dem Oberschenkel. Dribbeln in der Hockstellung mit Rükken zur Wand. Der Oberarm ist angelegt, z.B. Nummernweste einklemmen. Übungsschwerpunkte: Dribbeln mit Impuls nur durch Streckung des Ellbogen- und Beugung des Handgelenks. Dribbeln mit ruhigem Oberkörper. Dribbeln nur bis Hüfthöhe.
Die Körperhaltung ist zu aufrecht.	Dribbeln in verschiedenen Körperhöhen.
Der Ball wird nicht mit dem Körper geschützt.	Dribbeln mit Nachstellschritten. Dribbeln 1:1 auf begrenztem Raum (z. B. Kreis, Zone). Dribbeln durch lebendigen Slalom (Ball darf herausgeschlagen werden). Übungsschwerpunkte: Dribbeln mit Vordrehen der Gegenschulter und Anwinkeln des Gegenarms. Dribbeln mit der Außenhand.
Der Oberkörper pumpt im Dribbelrhythmus mit.	Partnerweise Dribbeln mit gegenseitiger Schulterfassung im Stand. Dribbeln im Sitz mit Rücken zur Wand. Dribbeln im Sitz partnerweise, Rükken an Rücken mit zwischenzeitlichem Aufstehen. Übungsschwerpunkte: Dribbeln mit Impuls nur durch Streckung des Ellbogen- und Handgelenks. Dribbeln mit ruhigem Oberkörper.

Fehlerbild	Korrekturmaßnahmen
Der Ball wird mit den Augen fixiert.	Dribbeln mit Blick zur Decke. Während des Dribbelns zum Partner (Trainer) schauen, der mit der Hand eine Zahl zeigt, die genannt werden muß. Dribbeln nach Vorbild des Trainers bei häufigem Wechsel verschiedener Körperhaltungen, Grundstellungen und Laufrichtungen. Sitz auf der Langbank: Dribbeln mit geschlossenen Augen. Übungsschwerpunkte: Beim Dribbeln Ball lange mit der Hand begleiten. Dribbeln mit locker gespreizten Fingern. Dribbeln mit ausgeprägter Handgelenksbewegung.

Das hohe (rhythmische, offensive) Dribbling

Vorbemerkung

Der Anwendungsbereich des hohen (rhythmischen) Dribblings liegt vor allem in der Durchquerung des Spielfeldes unter maximaler Geschwindigkeit (Schnellangriff). Hierfür ist eine gute Ballführung wichtige Voraussetzung. Das Übungsziel sollte sein, den Ball sicher zu führen, ohne den Blick ständig auf den Ball gerichtet zu haben. Erst dann kann der ballführende Spieler auch bei hoher Laufgeschwindigkeit den Ball im richtigen Moment zum Korbwurf aufnehmen oder situationsgerecht abspielen.
Voraussetzung für das hohe Dribbling ist das Beherrschen des tiefen Dribblings in Grobform. Da die grundlegenden Kriterien (Arm- und Beinarbeit) bei beiden Formen dieselben sind, wird in der nachstehenden Technikbeschreibung nur auf die besonderen Merkmale des hohen Dribblings eingegangen.
Die folgenden Ausführungen beziehen sich auf das Dribbling mit der rechten Hand. Sie können entsprechend auf das Linksdribbling angewendet werden.

4 Hohes Dribbling

Technische Ausführung

Die Schrittfrequenz verhält sich zur Dribbelfrequenz wie 2:1.
Das Aufsetzen des Balles beim Rechtsdribbling fällt mit dem Aufsetzen des linken Fußes zusammen (gegengleiches Dribbling).
Der Ball wird seitlich vor dem Körper über Hüfthöhe geführt.

Methodische Übungsreihe zum Erlernen

1. Schlagen auf den gegenüberliegenden Oberschenkel:
   im Gehen (Gemeinschaftsrhythmus),
   im Laufen (Gemeinschaftsrhythmus).
2. Gehen in verschiedenen Tempi und Dribbling auf jeden Schritt.
3. Linienaufstellung an der Grundlinie. Jeder Spieler hat einen Ball. Gegenschulter und Gegenfuß der Dribbelhand zeigen in Laufrichtung. Der Ball wird mit beiden Händen in Hüfthöhe gehalten. Mit dem ersten Schritt (vorderes Bein) wird der Ball aufgesetzt und in der Folge jeden zweiten Schritt im Lauf zu Boden gedrückt.
4. Hilfen zur Rhythmusunterstützung (nur) bei auftretenden Schwierigkeiten:
   Dribbeln im Seitgalopp, Dribbeln mit Nachstellschritten, langsames Abbauen der Nachstellschritte.
5. Dribbeln auf einer großen Kreisbahn.
   Jeder Spieler hat einen Ball. Gegenschulter und Gegenfuß der Dribbelhand zeigen in Laufrichtung. Mit dem ersten Schritt (vorderes Bein) wird

der Ball einmal aufgesetzt. Nach zwei weiteren Laufschritten wird abgestoppt, der Ball gegen die Wand gepaßt (Schrittstopp). Rhythmisierung durch den Übungsleiter.
Zweimaliges Aufsetzen des Balles mit anschließendem Abstoppen (»und links und links und stopp«) und Paß gegen die Wand.
Dreimaliges Dribbling mit anschließendem Abstoppen (»und links und links und links und stopp«), Paß gegen die Wand.

6. Rhythmisches Dribbling durch die Halle; lediglich der Dribbelbeginn wird vom Übungsleiter taktierend begleitet (»und links . . .«).

Übungsformen zum Verbessern

- Rhythmisches Dribbeln über das Spielfeld:
  Mit mäßigem Tempo, mit wechselnden Tempi, mit Richtungswechsel um 180° und gleichzeitigem Handwechsel.
- Dribbeln auf einer Kreisbahn:
  im Uhrzeigersinn (Außenhand dribbelt), gegen den Uhrzeigersinn (Außenhand dribbelt), mit Richtungswechsel und gleichzeitigem Handwechsel (Außenhand dribbelt).
- Staffelwettkämpfe:
  Umkehrstaffel, Pendelstaffel.

Trainingsformen

- Dribbeln über das ganze Spielfeld:
  mit maximalem Tempo, aus verschiedenen Grundstellungen (Kniestand, Bauchlage, Sitz, Hocke).
- Dribbeln auf Zeit entlang der Spielfeldmarkierungen.
- Dribbeln entlang der Spielfeldmarkierungen. An bestimmten (markierten) Positionen abstoppen, Paß gegen die Wand oder zu einem Mitspieler und weiterdribbeln.
- Dribbeln auf einer Kreisbahn mit Korbleger an jedem Korb:
  im Uhrzeigersinn (Außenhand dribbelt), gegen den urzeigersinn (Außenhand dribbelt).
  Wettkampfformen:
  Jeder Spieler läuft allein auf der Kreisbahn. Wer erzielt in einer bestimmten Zeit die meisten Korbleger?
  Wer erzielt in der kürzesten Zeit 10 Treffer?
- Liniensprint. Start an der Grundlinie. Dribbeln zur Freiwurflinie, Berühren dieser mit der freien Hand, ohne das Dribbling zu unterbrechen, und zurückdribbeln zur Grundlinie, dann bis zur Mittellinie – zurück, bis zur Freiwurflinie – zurück und zuletzt bis zur Grundlinie – zurück.

- Die Spieler liegen in Bauchlage an der Mittellinie. Für jeden Spieler liegt ein Ball an der Grundlinie. Sprint auf ein Zeichen zur Grundlinie, Ballaufnahme, Dribbling zur anderen Grundlinie, Ball ablegen und wieder Sprint zurück zur Mittellinie.
- Überkreuzpendelstaffel.
- Viereckstaffel:
  Die Spieler laufen einzeln hintereinander (Außenhand dribbelt), die Spieler laufen alle gemeinsam, andere Laufrichtung (Außenhand dribbelt).
- Handikaplauf:
  Dribbling mit Verfolger und Korblegerabschluß, der Ball wird bereits im Stand gedribbelt. Der Übungsleiter gibt ein Startzeichen.

Fehlerbild	**Korrekturmaßnahmen**
Der Ball wird aufgesetzt, nachdem das Standbein sich vom Boden gelöst hat (Regelverstoß).	Den Ball in Hüfthöhe halten und zu Boden drücken. Gegenschulter und Gegenfuß zur Dribbelhand zeigen nach vorne. Vor dem Aufsetzen des Balles deutliches Anheben des vorderen Beins (Spielbein).
Dribbeln im Paßgang.	Siehe methodische Übungsreihe zum Erlernen des hohen Dribblings (S. 16).
Arhythmisches Dribbling.	Siehe methodische Übungsreihe zum Erlernen des rhythmischen Dribblings (S. 16). Dribbeln mit Verhältnis Dribbelfrequenz zur Schrittfrequenz wie 1:2. Dribbeln in Hüfthöhe.

STOPPEN

Unter dem Begriff Stoppen versteht man das Abstoppen mit Ball aus der Bewegung in einem oder zwei Bodenkontakten. Es findet seine Anwendung
- nach einem Paß, der in der Bewegung aufgenommen wurde,
- nach Beendigung eines Dribblings.

Man unterscheidet zwei Arten des Stoppens:

1. Den Schrittstopp, die einfachere und zugleich sicherste Art regelgerecht aus einem schnellen Lauf zu stoppen.
2. Den Sprungstopp, der ein gutes Gleichgewichtsgefühl voraussetzt und meist nur aus langsamem bis mittelschnellem Lauf angewendet wird. Der Vorteil des Sprungstopps liegt in der freien Wahl des Stand- bzw. Spielbeins und damit der optimalen Möglichkeit zum Korbdurchbruch.

Das methodische Vorgehen ist für beide Formen des Abstoppens gleich. Es kann deshalb auf eine getrennte Darstellung verzichtet werden.
Die Erläuterungen zu den technischen Ausführungen beziehen sich lediglich auf die Endphase des Abstoppens, d. h. auf die Landephase nach der Ballannahme. Hier ergeben sich Unterschiede beim Schritt- und Sprungstopp, so daß die technischen Ausführungen getrennt dargestellt werden müssen. Dasselbe gilt für das Kapitel »Fehlerbild – Korrekturmaßnahmen«.

5 Schrittstopp

Technische Ausführung des Schrittstopps

Die technischen Erläuterungen beziehen sich auf das Abstoppen im Schrittstopp auf der rechten Spielfeldhälfte – auf der linken Spielfeldhälfte sind die Schrittfolgen genau umgekehrt.
Die Ballannahme erfolgt mit beiden Händen nach flachem Sprung.

Auf der rechten Spielfeldhälfte erfolgt der Absprung vom linken Bein (Schützen des Balles vor dem Zugriff des Verteidigers).
Das rechte Bein (Standbein) bremst den größten Teil der Vorwärtsbewegung ab (Tiefgehen).
Das linke Bein (Spielbein) wird seitlich schulterbreit vor dem rechten aufgesetzt (Boxerstellung).
Der Schwerpunkt liegt zwischen den Beinen.
Das Standbein darf bei Korbwurf oder Paß abgehoben werden.

6 Sprungstopp

Technische Ausführung des Sprungstopps

Die Ballannahme erfolgt mit beiden Händen nach flachem Sprung.
Der Absprung kann vom linken oder rechten Bein erfolgen.
Die Füße setzen gleichzeitig zur Landung in hüftbreiter Parallelstellung auf = 1. Bodenkontakt.
Die Knie werden gebeugt.
Die Füße setzen vor dem Körperschwerpunkt auf und bremsen die Vorwärtsbewegung ab (Abrollen über die Fersen).
Der 2. Bodenkontakt erfolgt erst durch Ortsveränderung des frei wählbaren Spielbeins.
Das Standbein darf nur bei Korbwurf oder Paß abgehoben werden.

Methodische Übungsreihe zum Erlernen (nach einem Dribbling)

Übungsformen ohne Ball

1. Die Spieler stehen auf der Grundlinie. Auf Höhe der Mittellinie ist eine Langbank aufgestellt. Die Spieler nähern sich mit kleinen Schritten dem Hindernis. Sie springen vor der Langbank mit dem linken Bein ab, landen mit zwei weiteren Schritten rechts – links in Boxerstellung bzw. in Parallelstellung. Sie sollen dabei leise landen,
   mit der Landung ganz klein werden,
   landen und mit der rechten Hand die rechte Ferse berühren (nur zum Erlernen des Schrittstopps).
2. Wie 1. – aber Absprung vom rechten Bein.
3. Die Spieler steigern das Tempo allmählich bis zur Maximalgeschwindigkeit. Sie schulen abwechselnd das linke und rechte Absprungbein.
   Die Langbank wird entfernt. Es werden Linien als Orientierungshilfen benutzt.
4. Die Spieler laufen frei im Raum und stoppen auf Pfiff im Schritt- bzw. Sprungstopp.

Übungsformen mit Ball

1. Die Spieler stehen auf der Grundlinie. Die Gegenschulter und der Gegenfuß zur Dribbelhand zeigen in Laufrichtung. Der Ball wird in Hüfthöhe dribbelbereit gehalten. Auf ein Zeichen des Übungsleiters werden die Bälle einmal aufgesetzt, und es erfolgt ein Abstoppen (»und rechts und stopp«). Der Übungsleiter fordert
   leise landen,
   mit dem Landen ganz klein werden,
   dem Abstoppen gehen 2, 3 oder 4 Dribblings voraus.
2. Wie 1. – jedoch mit der geübten Hand.
3. Die Spieler dribbeln alle mit der gleichen Hand (bessere Lernzielkontrolle) frei im Raum. Der Übungsleiter gibt die Zeichen zum Dribbelbeginn und Dribbelende. Die Anzahl der Dribblings ist nicht festgelegt. Das Lauftempo wird allmählich bis zur Maximalgeschwindigkeit gesteigert.

Methodische Übungsreihe zum Erlernen (nach Zuspiel)

Die Übungsformen ohne Ball aus dem Abschnitt »Erlernen des Abstoppens nach einem Dribbling« sind auf dieses Kapitel anwendbar. Zusätzlich können folgende Übungsformen angeboten werden.

Übungsformen mit Ball

Zwei Spieler gehen paarweise zusammen. Einer reicht den Ball zu. Der anlaufende Spieler springt vor der Ballannahme mit dem linken bzw. rech-

ten Bein ab, übernimmt den Ball und stoppt mit zwei Bodenkontakten (bzw. in Parallelstellung). Nach dem Abstoppen wechselt er mit dem Spieler der den Ball gereicht hat.
Das Lauftempo wird allmählich bis zur Maximalgeschwindigkeit gesteigert.
Der Ball wird frontal aus 3, 4, 5 Metern zugespielt.
Der Ball wird seitlich rechts und links aus 3, 4, 5 Metern zugespielt.

Übungsformen zum Verbessern

- Je zwei Gruppen stehen sich frontal mit einem Abstand von 20 Metern gegenüber. Die ersten Spieler einer Gruppe dribbeln an, stoppen auf Höhe einer zu bestimmenden Linie ab, passen zum gegenüberstehenden Spieler, laufen ihrem Paß nach und reihen sich in der Gruppe ein (s. Abb. 7).
  Der Abstand zwischen den Gruppen wird vergrößert. Der gegenüberliegende Spieler nimmt den Ball in der Bewegung an und beginnt ein Dribbling, stoppt ab und paßt zum nächsten.
  Das Lauftempo wird gesteigert.
  Die Übungen sind als Wettkampfform möglich:
  Welche Gruppe beendet am schnellsten 1, 2, 3 Durchgänge?
- Die Spieler bilden mehrere Reihen. Der erste einer jeden Reihe dribbelt von der Gruppe weg, stoppt ab, dreht sich um das Standbein und paßt zum nächsten zurück.
  Wettkampf:
  Welche Gruppe beendet 1, 2, 3 Durchgänge als erste?
  (Markierung!)

7

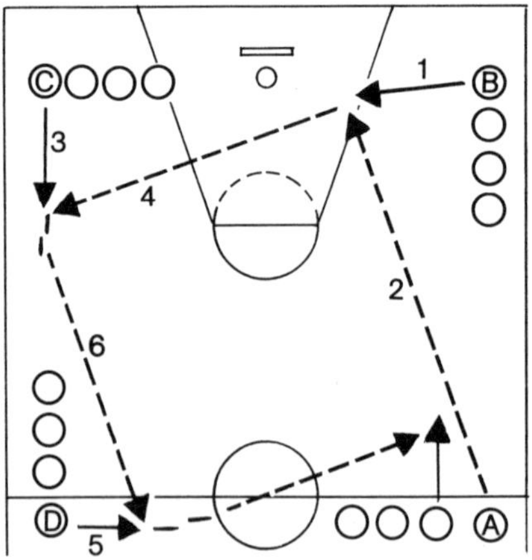

8

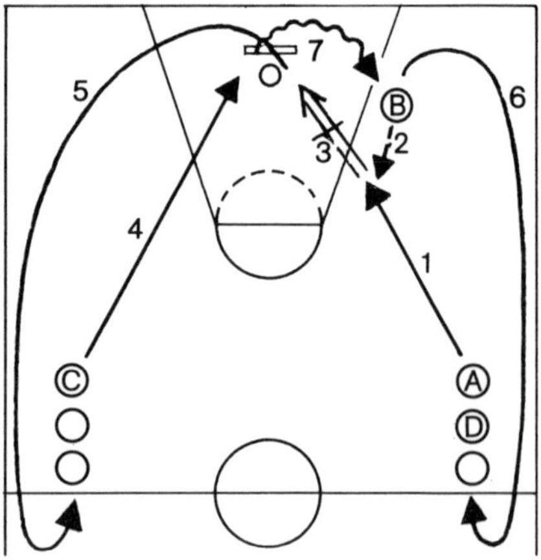

- Spieler A paßt dem angelaufenen Spieler B in den freien Raum. Spieler B nimmt den Ball im Sprung an, stoppt im Schritt- oder Sprungstopp ab und paßt zum angelaufenen Spieler C usw.
- Zweierlauf über das Spielfeld mit wechselweisem Abstoppen.

Trainingsformen

- Ein Spieler läuft einem rollenden Ball nach und stoppt beim Aufnehmen im Schrittstopp ab. Dribbelbeginn mit abschließendem Korbleger.
- Der Ball wird vom Übungsleiter hochgeworfen. Der Spieler muß den Ball fangen, bevor er den Boden berührt, abstoppen und anschließend einen Korbleger nach einem Dribbling ausführen.
- Die Spieler dribbeln in Richtung Korb, stoppen 2 m vor dem Korb auf unterschiedlichen Positionen ab, führen einen Sprungwurf aus, fangen ihren Ball und dribbeln zurück.
  Das Lauftempo wird anschließend gesteigert.
- Die Spieler laufen ohne Ball in Richtung Korb auf unterschiedliche Positionen, erhalten von einem weiteren Spieler den Ball zugespielt, stoppen ab und führen einen Sprungwurf aus. Der Werfer fängt seinen Ball und wird zum Zuspieler.
  Das Lauftempo wird gesteigert.
  Wettkampfformen:
  Welche Gruppe erzielt in einer bestimmten Zeit die meisten Treffer? (Markierungen)
  Welche Gruppe schafft in 3 bis 5 Durchgängen die meisten Treffer?

- A läuft zum Korb, erhält von B einen Paß, stoppt ab, führt einen Sprungwurf aus und reiht sich in der anderen Gruppe ein. B reiht sich nach dem Paß in der Gruppe von A ein. C springt nach dem Ball von A und gibt D den Paß usw. (s. Abb. 8).
  Das Lauftempo wird gesteigert.

Fehlerbild	**Korrekturmaßnahmen**
Schrittstopp:	
Instabiles Gleichgewicht	Geräuschloses Landen. Klein werden bei der Landung. Die entsprechende Hand des Standbeins berührt die Ferse. In Boxerstellung landen.

Fehlerbild	Korrekturmaßnahmen
Zu weite Schrittstellung	Überspringen eines Hindernisses. Markierungen für die Landestelle. Akustische Unterstützung. Anlaufgeschwindigkeit reduzieren.
Nachziehen des Standbeins	Markierung der Landestelle. Die entsprechende Hand des Standbeins berührt dessen Ferse.
Sprungstopp: Instabiles Gleichgewicht	Geräuschloses Landen. Weich abfedern beim Landen. Markierungen für den Absprung und die Landung. Überspringen eines Hindernisses. Anlaufgeschwindigkeit reduzieren.

Der Sternschritt (Pivotschritt)

Der Sternschritt eröffnet einem Spieler, der den Ball im Stand erhalten bzw. im Sprung- oder Schrittstopp abgestoppt hat, weitere Bewegungsmöglichkeiten. Der Spieler kann sich um sein Standbein drehen und sein Spielbein ein- oder mehrmalig in beliebige Richtungen aufsetzen. Sein Standbein kann er bei der Ballannahme bzw. im Sprungstopp frei wählen; beim Schrittstopp ist immer das hintere Bein das Standbein.
Mit Hilfe des Sternschrittes kann der Ball vor dem Gegner gesichert (defensive Funktion) oder ein Korbwurf, Paß, Dribbling oder Durchbruch vorbereitet werden (offensive Funktion).
Obwohl der Sternschritt methodisch als eigenständige Grundtechnik ausgegliedert ist, bietet sich dennoch das Erarbeiten zusammen mit der Grundtechnik Abstoppen an.

Technische Ausführung

Der Sternschritt erfolgt aus der Basketballgrundstellung.
Der Körperschwerpunkt liegt tief.
Das Gewicht ruht wechselweise auf Standbein und Spielbein.
Das Standbein muß ständig Bodenkontakt haben.
Der Ball wird, mit beiden Händen schützend, seitlich vor dem Körper gehalten.

9 Sternschritt

Methodische Übungsreihe zum Erlernen des Sternschritts

1. Die Spieler bilden Paare. Der Spieler mit Ball steht mit einem Bein in einem am Boden liegenden Gymnastikreifen und versucht den Ball durch entsprechende Körperdrehungen vor dem zweiten Spieler zu schützen. Ballbesitzwechsel erfolgt, wenn es dem Verteidiger gelingt, den Ball zu berühren, oder wenn der Ballbesitzer den Reifen verlassen muß.
2. Die Spieler stehen auf der Grundlinie – zwei Langbänke nebeneinander auf der Mittellinie. Die Spieler laufen in mäßigem Tempo an, springen vor der Langbank mit dem linken Bein ab, landen mit zwei weiteren Schritten und drehen sich um das hintere Bein um 180°.
   Variationen:
   Absprung vom rechten Bein.
   Das Tempo wird allmählich bis zur Maximalgeschwindigkeit gesteigert.
   Linien werden als Orientierungshilfen verwendet.
   Der Absprung erfolgt abwechselnd vom linken und vom rechten Bein.
   Die Spieler laufen frei im Raum, stoppen auf ein Zeichen des Trainers ab, führen den Sternschritt um 180° aus und laufen weiter.
3. Die Spieler passen gegen die Wand, fangen und drehen sich um das rechte/linke Standbein und passen gegen die Wand. Drehrichtungen rechts wie links herum.

4. An der Mittellinie reicht ein Spieler den Ball zu. Der anlaufende Spieler springt vor der Ballannahme mit dem rechten bzw. linken Bein ab, übernimmt den Ball und stoppt mit zwei Bodenkontakten bzw. in Parallelstellung ab. Anschließend führt er eine Sternschrittdrehung um 360° mit mehreren Schritten aus und reicht dann dem nächsten Spieler den Ball zu.
   Variationen:
   Das Anlauftempo wird erhöht.
   Die Sternschrittdrehung erfolgt abwechselnd zur linken und zur rechten Seite.
   Der Ball wird frontal aus 3, 4, 5 Metern zugespielt.
   Der Ball wird seitlich rechts und links aus 2, 3, 4, 5 Metern zugespielt.

Übungsformen zum Verbessern

- Die Spieler bilden mehrere Reihen. Der erste Spieler dribbelt von der Gruppe weg, stoppt an einer Markierung ab, führt einen Sternschritt um 180° aus, paßt zum nächsten Spieler zurück und reiht sich in seiner Gruppe wieder ein.
  Variationen:
  Die Übung erfolgt mit erhöhtem Tempo.
  Gruppenwettkampf: Welche Gruppe beendet 1, 2, 3 Durchgänge als erste?
  Das Dribbling erfolgt mit der anderen Hand.
- Zwei Reihen stehen sich in einem Abstand von 10 m gegenüber. Spieler A läuft an, erhält im Sprung von B den Paß, stoppt ab, führt einen Sternschritt um 180° aus, paßt dem nächsten der Gruppe zu und reiht sich in der gegenüberliegenden Gruppe ein. Dann läuft B an, usw. (s. Abb. 10).
  Variation:
  Die Drehung erfolgt um 360° mit mehreren Sternschritten.
- Aufstellung (s. Abb. 11).
  Die ersten Spieler jeder Gruppe dribbeln zur gegenüberliegenden Hallenseite, stoppen kurz vor der Wand ab, führen einen Sternschritt zur anderen Gruppe aus, passen dem nächsten der gegenüberliegenden Gruppe zu und reihen sich dort ein.
  Variationen:
  Das Dribbling erfolgt mit der anderen Hand.
  Es wird mit mehreren Bällen gespielt.

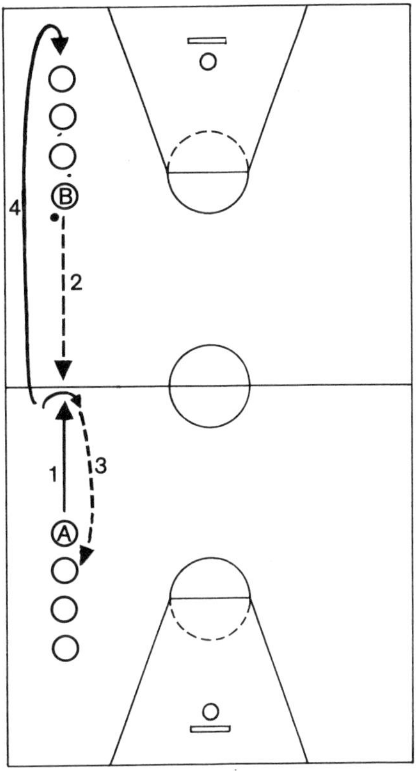

10

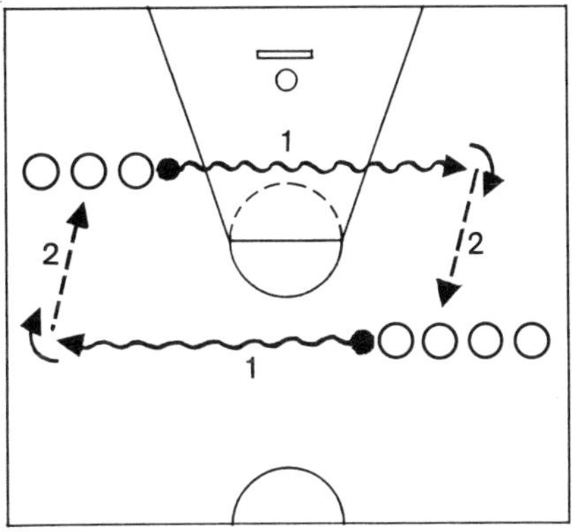

11

- Die Spieler bilden Paare. Der Spieler mit Ball versucht durch entsprechende Sternschrittdrehungen den Ball vor dem Gegenspieler zu schützen. Ballbesitzwechsel erfolgt, wenn es dem verteidigenden Spieler gelingt, den Ball zu berühren, oder wenn der Angreifer sein Standbein löst.
- Die Spieler stehen paarweise mit je einem Ball an einer Längsseite der Halle. Der Spieler mit Ball dribbelt zur gegenüberliegenden Seite, stoppt ca. 3 m vor der Wand ab, paßt gegen die Wand, fängt, führt einen Sternschritt um 180° aus, dribbelt zurück, stoppt vor seinem Partner ab und übergibt ihm den Ball.

  Variationen:

  Das Dribbling erfolgt mit der anderen Hand.

  Wettkampf: Welche Gruppe ist nach 5 Durchgängen als erste am Ziel?
- Die Spieler stellen sich in Dreiergruppen auf einer Linie in einem Abstand von 3 m auf. Der Spieler mit Ball paßt zum Mittelmann, der einen Sternschritt um 180° ausführt und zum äußeren Spieler paßt. Nach mehreren Versuchen erfolgt ein Wechsel.

Trainingsformen

- Ein Spieler versucht durch entsprechende Sternschrittdrehungen den Ball vor zwei Gegnern zu schützen. Nach einer bestimmten Zeit erfolgt der Ballwechsel.
  Einzelwettkampf: Wer kann den Ball regelgerecht am längsten schützen?
- Mehreren Reihen stehen im Abstand von 10 m je ein passiver Verteidiger gegenüber. Der erste Spieler jeder Reihe dribbelt von der Gruppe weg, stoppt vor dem Mitspieler ab, führt einen Sternschritt um 180° aus, paßt zum nächsten Spieler und übernimmt die Position des passiven Verteidigers. Der passive Verteidiger reiht sich in seiner Gruppe wieder ein.
  Variationen:
  Die Laufgeschwindigkeit wird gesteigert.
  Der Verteidiger greift aktiv ein.
  Das Dribbling erfolgt mit der anderen Hand.

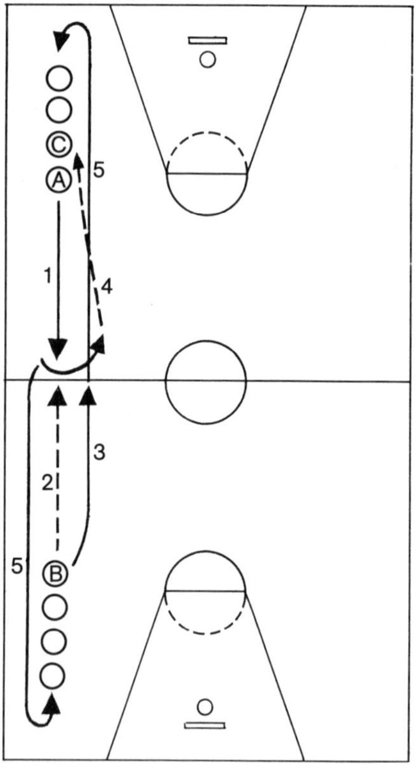

12

- Zwei Reihen stehen sich in einem Abstand von 10 m gegenüber. Spieler A läuft an, erhält von B einen Paß, führt einen Sternschritt um 180° aus, paßt dem nächsten seiner Gruppe zu und reiht sich in der gegenüberliegenden Gruppe ein.
  Spieler B läuft seinem Ball nach, verteidigt passiv und reiht sich in der gegenüberliegenden Gruppe ein (s. Abb. 12).
  Variation:
  Der Verteidiger greift aktiv ein.
  Der Spieler mit Ball kann zur eigenen oder zur gegenüberliegenden Gruppe spielen.
- Spiel 2 gegen 2, 3 gegen 3 etc. auf begrenztem Feld. Nur ein Dribbling ist erlaubt. Wer erzielt die meisten Pässe a) nach Zeit, b) nach Punkten?

Fehlerbild	Korrekturmaßnahmen
Das Standbein wird abgehoben oder mitgezogen.	Sternschritt mit kleinen Ausfallschritten des Spielbeins. Sternschritte mit tiefer Beugestellung des Standbeins. Sternschritte mit der Aufgabe, das Standbein auf dem Ballen zu drehen.
Das Standbein wird auf der ganzen Sohle gedreht.	Sternschritt mit großen Ausfallschritten des Spielbeins. Sternschritt mit deutlicher Gewichtsverlagerung auf das Spielbein. Sternschritte mit stark gebeugten Knien.
Der Ball wird ungenügend geschützt.	Sternschritt, den gebeugten Oberkörper beachten. Sternschritt, den Oberkörper immer zwischen Ball und Gegner halten.

FANGEN UND PASSEN

Vorbemerkung

Die Voraussetzung für schnelle, gezielte Aktionen beim Basketballspiel ist die sichere Annahme des Balles. Dies kann nur erreicht werden, wenn der Ball grundsätzlich mit beiden Händen gefangen wird. Verantwortlich für die Sicherheit eines Passes ist immer der Paßgeber. Er entscheidet über Zeitpunkt und Form des Passes. So muß er den Moment, in dem sich ein Mitspieler von seinem Gegenspieler löst, erkennen und nützen können.
Es gibt eine Vielzahl von Paßtechniken, auf die in diesem Rahmen nicht alle gesondert eingegangen wird. Die wichtigsten drei Paßformen sollen in diesem Kapitel ausführlich besprochen werden.

- Der beidhändige direkte Druckpaß
- Der beidhändige indirekte Druckpaß (Bodenpaß)
- Der Überkopfpaß

Die Technik des **Handballpasses** wird hier als bekannt vorausgesetzt. Dieser Paß sollte nur in Situationen angewandt werden, bei denen es gilt, auf

schnelle Weise einen größeren Paßweg zu überwinden (ca. 12–25 m, Schnellangriffsituation). Die im Basketball häufigste Paßart ist der **beidhändige direkte Brustdruckpaß,** der ein schnelles und sicheres Zuspiel ermöglicht. Sein günstigster Anwendungsbereich liegt in einer Entfernung bis zu 12 m. Ist der direkte Paßweg zu einem Mitspieler unterbrochen, kann der Ball mit Hilfe eines Bodenpasses sein Ziel erreichen. Besonders bei Verengung des Angriffsraums in Korbnähe kann er wegen geringer Abwehrmöglichkeit sein Ziel leichter erreichen als der direkte Druckpaß. Aufgrund der Geschwindigkeitsverminderung des Balles durch den Bodenkontakt sollte der zu überbrückende Raum nicht mehr als 5 – 6 m betragen.
Der **Überkopfpaß** ist die Zuspielform, die im Ansatz kaum zu erkennen ist. Besonders in korbnahen Spielsituationen wird er bevorzugt von Centerspielern angewendet. Fangen und Passen sind Elemente, die ihrer Funktion nach zusammengehören. Es ist daher selbstverständlich, daß bei jeder Paßübung das Fangen mitgeschult wird, ohne daß hierauf nach einer kurzen Einführung in der Regel noch intensiv eingegangen werden muß. Der schwierigere Teil dieses Kapitels stellt das Passen dar. Dementsprechend ist dieser Grundtechnik auch eindeutig mehr Raum gewidmet worden.

Das Fangen

Technische Ausführung

Basketballgrundstellung:
Die Knie sind leicht gebeugt.
Das Körpergewicht ruht auf den Ballen.
Beide Beine sind gleich belastet.
Die Arme werden dem Ball entgegengestreckt.
Die Finger und Daumen sind locker gespreizt (Daumen und Zeigefinger bilden ein »W«).
Die Finger legen sich in der Weise seitlich an den Ball, daß die Hände parallel zueinander liegen.
Die abgespreizten Daumen liegen dahinter und verhindern ein Durchgleiten des Balles.
Die Handflächen bleiben frei.
Der Ball wird durch ein der Ballgeschwindigkeit angepaßtes Nachgeben im Ellbogen- und Schultergelenk weich an den Körper herangenommen.
Die Ellbogen liegen am Körper an.
Bei Annahme eines hohen Passes zeigen die Finger nach oben.
Bei Annahme eines tiefen Passes zeigen die Finger nach unten.

13 Fangen

Methodische Übungsreihe zum Erlernen

1. Die Spieler nehmen den Ball vom Boden in der richtigen Fingerstellung auf.
2. Die Spieler lassen den Ball zu Boden fallen und nehmen den zurückspringenden Ball mit beiden Händen auf.
3. Die Spieler werfen den Ball hoch in die Luft und fangen ihn mit beiden Händen.
4. Die Spieler werfen den Ball an die Wand und fangen ihn mit beiden Händen (Abstand von der Wand 2 m).
5. Zwei Spieler stellen sich gegenüber auf. Spieler A reicht den Ball in Brusthöhe an, Spieler B nimmt den Ball mit gestreckten Armen an und zieht ihn weich an den Körper heran.
   Variationen:
   Der Ball wird zum annahmebereiten Spieler B leicht geworfen und umgekehrt.
   Der Ball wird schärfer zugespielt.
6. Weitere Übungen: siehe methodische Übungsreihe zum Erlernen des Passens (s. S. 33).

14 Direkter Druckpaß a b

Der direkte Druckpaß

Technische Ausführung

Basketballgrundstellung.
Der Ball wird in Hüfthöhe gehalten.
Die Ellbogen sind leicht gebeugt und liegen seitlich am Körper.
Die locker gespreizten Finger halten beiderseits den Ball.
Die Daumen liegen hinter dem Ball.
Die Handflächen sind frei.
Der Ball wird mit einer kreisenden Auftaktbewegung zum Körper in Brusthöhe gebracht.
Gleichzeitig erfolgt eine leichte Verlagerung des Körpergewichts auf das hintere Bein.
Der Paß erfolgt durch schnelles Strecken der Arme.
Die Finger werden im letzten Drittel der Armstreckung hinter den Ball gebracht.
Die Handgelenke geben den letzten Impuls.
Ein leichtes Abwinkeln der Ellbogengelenke ist unvermeidlich.

c

Das Körpergewicht verlagert sich auf das vordere Bein.
Nach dem Abspiel können die Finger in Richtung Boden oder zur Seite zeigen.

Methodische Übungsreihe zum Erlernen

1. Die Spieler nehmen in der Basketballgrundstellung den Ball mit beiden Händen vom Boden auf, bringen ihn am Körper hoch und passen in Brusthöhe.
2. Zwei Spieler stehen sich gegenüber (Abstand 1 m). Sie übergeben sich gegenseitig den Ball.
3. Gassenaufstellung mit einem Abstand von 3 bis 5 m: Die Spieler versuchen schnell und genau hin und her zu passen.
   Zwei Stirnreihen stehen sich mit einem Abstand von 3 bis 5 m gegenüber (Markierungslinien). Jeder Spieler paßt zum gegenüberliegenden Spieler und reiht sich am Ende seiner Gruppe wieder ein.
   Variationen:
   Der Abstand wird vergrößert.
   Jedem Paß geht eine Blick- oder Körpertäuschung voraus.

Gruppenwettkampf:
Welche Gruppe schafft am schnellsten drei Durchgänge?
Welche Gruppe erzielt in einer bestimmten Zeit die meisten Pässe?

4. Der paßgebende Spieler läuft einem Ball nach und ordnet sich am Ende der gegenüberliegenden Gruppe ein.

   Variationen:
   Der Abstand wird vergrößert.
   Die Paßgeschwindigkeit wird gesteigert.
   Dreieckaufstellung, Viereckaufstellung, Kreisaufstellung.
   Gruppenwettkampf:
   Welche Gruppe schafft 3 Durchgänge am schnellsten?
   Welche Gruppe schafft in einer bestimmten Zeit die meisten Pässe?
5. Kreisaufstellung, Wettwanderball:
   Der Ball wird im Kreis von Mann zu Mann gespielt. Es kann mit einem oder mehreren Bällen gespielt werden. (Wettkampf: Die Bälle sollen sich gegenseitig einholen).

   Variationen:
   Der Abstand zwischen den einzelnen Spielern wird vergrößert.
   Die Paßgeschwindigkeit wird erhöht.
   Jedem Paß geht eine Blicktäuschung oder Körpertäuschung voraus.
   Gruppenwettkampf:
   Welche Gruppe schafft die meisten Pässe?
6. Kreisaufstellung:
   Die Spieler können beliebig passen. Nur der linke und rechte Nebenmann darf nicht angespielt werden. Blickverbindung muß dem Paß vorausgehen.
   Gruppenwettkampf:
   Welcher Kreis schafft in einer bestimmten Zeit die meisten Pässe?
7. Kreisaufstellung, Tigerball:
   Je nach Kreisdurchmesser befinden sich ein, zwei oder mehrere Spieler im Kreis und versuchen, die Pässe abzufangen. Es sind nur Brustdruckpässe erlaubt. Berührt der Spieler in der Mitte den Ball, so wechselt er mit dem Paßgeber.
8. Gassenaufstellung mit einem Abstand von 3 bis 5 m:
   Die beiden Spieler geben sich gegenseitig Pässe, die im Stand gefangen werden können, aber nicht auf Brusthöhe vor den Körper gezielt sind, sondern beispielsweise auf Kniehöhe.
   Variationen:
   Der Abstand wird vergrößert.
   Dasselbe in Kreisaufstellung.
   Jedem Paß geht eine Blick- oder Körpertäuschung voraus.

Übungsformen zum Verbessern

- Die Spieler bilden einen Kreis mit einem Mittelmann. Der Ball wird zum Mittelmann gespielt. Der paßgebende Spieler läuft seinem Ball nach und nimmt die Position des Mittelmanns ein. Der Mittelmann paßt dem linken oder rechten Nebenmann zu und läuft ebenfalls seinem Paß nach.
  Variationen:
  2 oder mehr Bälle.
  2 oder mehr Mittelmänner.
  (Voraussetzung: Der Kreis muß genügend Spieler umfassen.)
  Gruppenwettkampf:
  Welcher Kreis schafft am schnellsten 3 Durchgänge?
  Welcher Kreis schafft innerhalb einer bestimmten Zeit die meisten Pässe?
- Drei Spieler besetzen 3 Ecken eines Quadrats (Seitenlänge 3–4 m). Spieler A paßt zu B und läuft auf den freien Platz (4. Eck). B paßt zu C und läuft auf den freigewordenen Platz von A usw.
  Variationen:
  Kreisaufstellung. Der organisatorische Ablauf ist wie beim Quadrat.
  Kreisaufstellung mit mehreren Bällen. Bei 2 Bällen sind mindestens acht Spieler notwendig.
  Jedem Paß geht eine Blick- oder Körpertäuschung voraus.
  Gruppenwettkampf:
  Wieviel Pässe schafft die Gruppe in einer bestimmten Zeit?
- Völkerballspiel mit Brustdruckpässen:
  Der Ball ist erst geladen, wenn er mindestens dreimal in der eigenen Mannschaft gespielt wird und dabei nicht zu Boden fällt.
- Der erste Spieler der Reihe läuft an, fängt den Ball im Sprung, stoppt ab, spielt zum Paßgeber zurück und ordnet sich am Ende der Reihe ein.
  Variationen:
  Der Abstand wird vergrößert.
  Jedem Paß geht eine Blick- oder Körpertäuschung voraus.
  Der Ball wird ohne vorheriges Stoppen aus dem Lauf abgespielt.
  Gruppenwettkampf:
  Welche Gruppe schafft am schnellsten 3 Durchgänge?
  Welche Gruppe schafft in einer bestimmten Zeit die meisten Pässe?
- Üben in Vierergruppen:
  Zwei Spielerpaare stehen sich in einem Abstand von 5 m gegenüber.
- Drei Stirnreihen stellen sich in einem Dreieck mit Blick zueinander auf. Der erste Spieler einer Stirnreihe hat einen Ball, paßt diesen dem anlaufenden Spieler der nächsten Stirnreihe zu und ordnet sich in der nächsten Stirnreihe ein. Der Fänger paßt dem anlaufenden Spieler der nächsten Stirnreihe zu und ordnet sich dort ein, usw.

Variationen:
Vier Stirnreihen stellen sich im Viereck auf.
Es wird mit 2 Bällen gespielt.
Jedem Paß geht eine Blicktäuschung voraus.

- Zweierlauf über das Spielfeld:
  Zwei Spieler laufen in einem Abstand von 5 m über das Spielfeld und passen einander fortlaufend zu und schließen mit einem Korbleger ab.
  Variationen:
  Der Abstand zwischen den beiden Spielern wird vergrößert.
  Die Laufgeschwindigkeit wird erhöht.
  Die Paßgeschwindigkeit wird erhöht.
  Jedem Paß geht eine Blicktäuschung voraus.
  Dreierlauf. Drei Spieler laufen geradlinig über das Spielfeld (Abstand 4 m).
  Sie passen einander fortlaufend über die Mitte zu.
  Auf Höhe der Freiwurflinie steht ein passiver Verteidiger.

Trainingsformen

- Zwei oder drei Spieler passen abwechselnd einem Spieler zu. Die Paßfolge wird langsam gesteigert. Die Übung kann auch mit 2 Bällen durchgeführt werden.
- Partnerweise Gegenüberstellung. Jeder Spieler hat einen Ball. Ein Spieler paßt in Brusthöhe, der andere in Hüfthöhe dem Partner den Ball zu.
- Acht Spieler stellen sich in einem Viereck auf (Abstand je 3 m). Die Spieler 2 und 6 passen ihren Ball im (gegen den) Uhrzeigersinn an den nächsten Mann weiter. Die Bälle laufen von Mann zu Mann weiter. Alle Spieler mit geraden Nummern nehmen nach ihrem Paß die Position ihres Gegenüber ein.
  Variationen:
  Es laufen die Spieler mit den ungeraden Zahlen.
  Alle Spieler nehmen nach ihrem Paß die Position ihres Gegenüber ein.
  Mit zwölf Spielern in Kreisaufstellung. Jeder Spieler nimmt nach seinem Paß die Position seines Gegenüber ein.
  Jedem Paß geht eine Blick- oder Körpertäuschung voraus.
  Gruppenwettkampf:
  Welche 8er-Gruppe schafft drei Durchgänge am schnellsten?
- Nummernzuspiel:
  Auf einem begrenzten Spielfeld laufen Spieler, die eine Nummer erhalten haben, beliebig durcheinander. Sie müssen sich den Ball in einer festgelegten Reihenfolge (z. B. 1, 2, 3, 4, 5 usw.) zuspielen.
  Variationen:
  Jedem Paß geht eine Blick- oder Körpertäuschung voraus.
  Jeder Spieler wird von einem passiven Verteidiger begleitet.

Jeder Spieler wird von einem passiven Verteidiger gedeckt.

- Zwei Spieler sollen von der Mittellinie aus gegen einen Verteidiger mit schnellen Pässen zum Korb durchbrechen.
- Drei Spieler stehen in Dreiecksformation auf einem Freiwurf- oder Mittelkreis. Sie müssen mit einem Fuß immer auf der Kreislinie sein. Ein weiterer Spieler steht in der Mitte und versucht die Pässe der Außenspieler abzufangen. Berührt er den Ball, wechselt er mit dem Paßgeber.
  Variation:
  Zwei Spieler stehen in der Mitte.
- Zweierlauf über das Spielfeld mit Gegner:
  Drei Spieler stehen mit Blick zum gegenüberliegenden Korb entlang der Grundlinie in einem Abstand von je 4 m. Einer der beiden Außenspieler paßt zum Mittelmann, setzt sofort dem Ball nach und versucht, während die beiden anderen Spieler im Zweierlauf mit fortlaufenden Pässen übers Spielfeld laufen, den Ball abzufangen.
- Criss-Cross:
  Drei Spieler stehen mit Blick zum gegenüberliegenden Korb entlang der Grundlinie (Abstand 3 m). Der Mittelmann paßt zu einem Außenspieler, der schräg nach vorne innen gelaufen ist und kreuzt hinter ihm vorbei. Dieser paßt zum zweiten Außenspieler, der ebenfalls schräg nach vorne innen gelaufen ist und kreuzt hinter ihm vorbei usw.
  Variationen:
  Es werden nur fünf Zuspiele zur Überbrückung des Spielfeldes gestattet.
  Auf Höhe der Freiwurflinie steht ein passiver Verteidiger.
  Auf Höhe der Freiwurflinie steht ein aktiver Verteidiger.
  In Korbnähe werden die drei Angreifer von zwei aktiven Verteidigern in Tandemstellung erwartet.
- Überzahlspiele im freien Feld:
  In einem begrenzten Spielfeld bewegen sich drei Spieler frei im Raum und spielen einander den Ball fortlaufend beliebig zu. Ein weiterer Spieler versucht den Ball zu berühren. Berührt der Fänger den Ball, tauscht er mit dem Paßgeber.
  Das Spiel kann auch 4 gegen 2, 3 gegen 2, 5 gegen 3 und 5 gegen 4 gespielt werden.
- Parteiball:
  Es werden je zwei Mannschaften gebildet, die auf einem Halbfeld spielen. Die Spieler der ballbesitzenden Mannschaft passen sich den Ball beliebig zu. Die gegnerischen Spieler versuchen den Ball abzufangen. Sie kommen in Ballbesitz, wenn
  vom Gegner ein Ausball verursacht wurde,
  vom Gegner ein Foulspiel begangen wurde,
  der Ball abgefangen wird.

Wettkampf:
Welche Mannschaft spielt in einer bestimmten Zeit die meisten Pässe?
ohne Dribbling,
mit einem Dribbling.

Fehlerbild	Korrekturmaßnahmen
Fangen: Die Arme werden nicht dem Ball entgegengestreckt.	Annehmen eines zugereichten Balles mit gestreckten Armen. Mit gestreckten Armen einen Paß erwarten.
Beim Fangen des Balles entsteht ein klatschendes Geräusch.	Den Ball nur mit den Fingern vom Boden aufnehmen. Den Ball fallen lassen und wieder fangen. Den Ball hochwerfen und fangen. Den Ball an die Wand werfen und fangen. Wer kann den Ball fangen, ohne daß man ein Geräusch hört? (Partnerübung)
Der Ball rutscht durch die Finger.	Siehe Maßnahmen oben. Üben in der Dreiergruppe: Passen mit einem bzw. zwei Bällen. Partnerübung: Zwei Spieler in Gegenüberstellung im Abstand 6–10 m. Jeder darf dem Partner den Ball im Handballpaß so scharf zuspielen, wie er kann. Der Ball muß gefangen werden.
Brustdruckpaß: Die Arme werden nicht genügend gestreckt.	Passen mit dem Hinweis »Hände wegwerfen«. Passen mit einem Medizinball. Verharren in der Endstellung (Kontrolle der Armhaltung). Passen über eine größere Entfernung. Wettspiel: Treibball.

Fehlerbild	Korrekturmaßnahmen
Die Ellbogen werden nach außen abgewinkelt.	Passen in Gegenüberstellung, Abstand ca. 2 m. Lediglich die Endphase der Armstreckung mit Nachklappen der Handgelenke schulen.
Der Paß ist zu langsam.	Schnelle, scharfe Pässe auf kurze Entfernung. Passen mit einem Medizinball (Treibball). Paß nach einem Sternschritt (Dreieckpaßspiel).

Der indirekte Druckpaß (Bodenpaß)

Technische Ausführung

Basketballgrundstellung.
Der Ball wird in Hüfthöhe gehalten.
Die Ellbogen sind leicht gebeugt und liegen seitlich am Körper.
Die gespreizten Finger liegen am Ball.
Die Daumen liegen hinter dem Ball.
Die Handflächen berühren den Ball nicht.
Nach einer kreisenden Auftaktbewegung zum Körper erfolgt der Bodenpaß durch schnelles Strecken der Arme.
Die Finger werden im letzten Drittel der Armstreckung hinter den Ball gebracht.
Die Handgelenke und Finger geben den letzten Impuls.
Die Finger sind auf den Punkt gerichtet, der vom Ball nach Verlassen der Hände berührt werden soll.
Das Körpergewicht verlagert sich auf das vordere Bein.
Nach dem Abspiel können die Finger in Richtung Boden oder zur Seite zeigen.
Der Ball soll je nach Länge des Paßweges nach etwa der Hälfte bis zwei Drittel des Paßweges auf dem Boden aufspringen und anschließend den Mitspieler zwischen Knie- und Hüfthöhe erreichen.

Methodische Übungsreihe zum Erlernen

1. Gassenaufstellung mit einem Abstand von 3 – 5 m:
   Die Spieler versuchen schnell und genau hin und her zu passen.
   Zwei Stirnreihen stehen sich mit einem Abstand von 3 bis 5 m gegenüber (Markierungslinien). Jeder Spieler paßt zum gegenüberliegenden Spieler und reiht sich am Ende seiner Gruppe wieder ein.
   Variationen:
   Der Abstand wird vergrößert.
   Die Paßgeschwindigkeit wird erhöht.
   Jedem Paß geht eine Blick- oder Körpertäuschung voraus.
   Gruppenwettkampf:
   Welche Gruppe schafft am schnellsten drei Durchgänge?
   Welche Gruppe erzielt in einer bestimmten Zeit die meisten Pässe?
2. Der paßgebende Spieler läuft seinem Ball nach und ordnet sich am Ende der gegenüberliegenden Gruppe ein.
   Variationen:
   Der Abstand wird vergrößert.
   Die Paßgeschwindigkeit wird gesteigert.
   Dreieckaufstellung, Viereckaufstellung, Kreisaufstellung.
   Gruppenwettkampf:
   Welche Gruppe schafft 3 Durchgänge am schnellsten?
   Welche Gruppe schafft in einer bestimmten Zeit die meisten Pässe?
3. Kreisaufstellung, Wettwanderball:
   Der Ball wird im Kreis von Mann zu Mann gespielt. Es kann mit einem oder mehreren Bällen gespielt werden.
   Wettkampf: Die Bälle sollen sich gegenseitig einholen.
   Variationen:
   Der Abstand zwischen den einzelnen Spielern wird vergrößert.
   Jedem Paß geht eine Blicktäuschung oder Körpertäuschung voraus.
   Gruppenwettkampf:
   Welche Gruppe schafft die meisten Pässe?
4. Kreisaufstellung:
   Die Spieler können beliebig passen. Nur der linke und rechte Nebenmann darf nicht angespielt werden. Blickverbindung vor dem Paß.
   Gruppenwettkampf:
   Welcher Kreis schafft in einer bestimmten Zeit die meisten Pässe?
5. Kreisaufstellung, Tigerball:
   Je nach Kreisdurchmesser befinden sich ein, zwei oder mehrere Spieler im Kreis und versuchen, die Pässe abzufangen. Es sind nur Brustdruckpässe erlaubt. Berührt der Spieler in der Mitte den Ball, so wechselt er mit dem Paßgeber.

Übungsformen zum Verbessern

- Die Spieler bilden einen Kreis mit einem Mittelmann. Der Ball wird zum Mittelmann gespielt. Der paßgebende Spieler läuft seinem Ball nach und nimmt die Position des Mittelmanns ein. Der Mittelmann paßt dem linken oder rechten Nebenmann zu und läuft ebenfalls seinem Paß nach.
  Variationen:
  2 oder mehr Bälle.
  2 oder mehr Mittelmänner.
  (Voraussetzung: Der Kreis muß genügend Spieler umfassen.)
  Gruppenwettkampf:
  Welcher Kreis schafft am schnellsten 3 Durchgänge?
  Welcher Kreis schafft innerhalb einer bestimmten Zeit die meisten Pässe?
- Drei Spieler besetzen 3 Ecken eines Quadrats (Seitenlänge 3 bis 4 m). Spieler A paßt zu B und läuft auf den freien Platz (4. Eck). B paßt zu C und läuft auf den freigewordenen Platz von A usw.
  Variationen:
  Kreisaufstellung. Der organisatorische Ablauf ist wie beim Quadrat.
  Kreisaufstellung mit mehreren Bällen. Bei 2 Bällen sind mindestens acht Spieler notwendig.
  Jedem Paß geht eine Blick- oder Körpertäuschung voraus.
  Gruppenwettkampf:
  Wieviel Pässe schafft die Gruppe in einer bestimmten Zeit?
- Der erste Spieler der Reihe läuft an, fängt den Ball im Sprung, stoppt ab, spielt zum Paßgeber zurück und ordnet sich am Ende der Reihe wieder ein.
  Variationen:
  Der Abstand wird vergrößert.
  Jedem Paß geht eine Blick- oder Körpertäuschung voraus.
  Der Ball wird ohne vorheriges Stoppen aus dem Lauf abgespielt.
  Gruppenwettkampf:
  Welche Gruppe schafft am schnellsten 3 Durchgänge?
  Welche Gruppe schafft in einer bestimmten Zeit die meisten Pässe?
- Üben in Vierergruppen:
  Zwei Spielerpaare stehen sich in einem Abstand von 5 m gegenüber.
- Drei Stirnreihen stellen sich in einem Dreieck mit Blick zueinander auf. Der erste Spieler einer Stirnreihe hat einen Ball, paßt diesen dem anlaufenden Spieler der nächsten Stirnreihe zu und ordnet sich in der nächsten Stirnreihe ein. Der Fänger paßt dem anlaufenden Spieler der nächsten Stirnreihe zu und ordnet sich dort ein, usw.
  Variationen:
  Vier Stirnreihen stellen sich im Viereck auf.

Es wird mit 2 Bällen gespielt.
Jedem Paß geht eine Blicktäuschung voraus.

Trainingsformen

- Zwei oder drei Spieler passen abwechselnd einem Spieler zu. Die Paßfolge wird langsam gesteigert. Die Übung kann auch mit 2 Bällen durchgeführt werden.
- Partnerweise gegenüberstellen. Jeder Spieler hat einen Ball. Ein Spieler paßt in Brusthöhe direkt, der andere in Hüfthöhe indirekt dem Partner den Ball zu.
- Acht Spieler stellen sich in einem Viereck auf (Abstand je 3 m). Die Spieler 2 und 6 passen ihren Ball im (gegen den) Uhrzeigersinn an den nächsten Mann weiter. Die Bälle laufen von Mann zu Mann weiter. Die Spieler mit geraden Nummern nehmen nach dem Paß die Position ihres Gegenüber ein.
  Variationen:
  Es laufen die Spieler mit den ungeraden Zahlen.
  Alle Spieler nehmen nach ihrem Paß die Position ihres Gegenüber ein.
  Mit zwölf Spielern in Kreisaufstellung. Jeder Spieler nimmt nach seinem Paß die Position seines Gegenüber ein.
  Jedem Paß geht eine Blick- oder Körpertäuschung voraus.
  Gruppenwettkampf:
  Welche 8er-Gruppe schafft 3 Durchgänge am schnellsten?
- Nummernzuspiel:
  Auf einem begrenzten Spielfeld laufen Spieler, die eine Nummer erhalten haben, beliebig durcheinander. Sie müssen sich den Ball in einer festgelegten Reihenfolge (z. B. 1, 2, 3, 4, 5 usw.) zuspielen.
  Variationen:
  Jedem Paß geht eine Blick- oder Körpertäuschung voraus.
  Jeder Spieler wird von einem passiven Verteidiger begleitet.
  Jeder Spieler wird von einem passiven Verteidiger gedeckt.
- Zwei Spieler sollen von der Mittellinie aus gegen einen Verteidiger mit schnellen Pässen zum Korb durchbrechen.
- Drei Spieler stehen in Dreiecksformation auf einem Freiwurf- oder Mittelkreis. Sie müssen mit einem Fuß immer auf der Kreislinie sein. Ein weiterer Spieler steht in der Mitte und versucht die Pässe der Außenspieler abzufangen. Berührt er den Ball wechselt er mit dem Paßgeber.
  Variation:
  Zwei Spieler stehen in der Mitte.
- Criss-Cross:
  Drei Spieler stehen mit Blick zum gegenüberliegenden Korb entlang der Grundlinie (Abstand 3 m). Der Mittelmann paßt zu einem Außenspieler, der schräg nach vorne innen gelaufen ist und kreuzt hinter ihm vorbei.

Dieser paßt zum zweiten Außenspieler, der ebenfalls schräg nach vorne innen gelaufen ist und kreuzt hinter ihm vorbei usw. Der letzte Paß vor dem Korb soll ein Bodenpaß sein.
Variationen:
Es werden nur drei Zuspiele zur Überbrückung des Spielfeldes gestattet.
Auf Höhe der Freiwurflinie steht ein passiver Verteidiger.
Auf Höhe der Freiwurflinie steht ein aktiver Verteidiger.
In Korbnähe werden die drei Angreifer von zwei aktiven Verteidigern in Tandemstellung erwartet.

- Überzahlspiele im freien Feld:
  In einem begrenzten Spielfeld bewegen sich drei Spieler frei im Raum und spielen einander den Ball fortlaufend beliebig zu. Ein weiterer Spieler versucht den Ball zu berühren. Berührt der Fänger den Ball, tauscht er mit dem Paßgeber.
  Das Spiel kann auch 4 gegen 2, 3 gegen 2, 5 gegen 3 und 5 gegen 4 gespielt werden.
- Parteiball:
  Es werden je zwei Mannschaften gebildet, die auf einem Halbfeld spielen. Die Spieler der ballbesitzenden Mannschaft passen sich den Ball beliebig zu. Die gegnerischen Spieler versuchen den Ball abzufangen. Sie kommen in Ballbesitz, wenn
  vom Gegner ein Ausball verursacht wurde,
  vom Gegner ein Foulspiel begangen wurde,
  der Ball abgefangen wird.
  Wettkampf:
  Welche Mannschaft spielt in einer bestimmten Zeit die meisten Pässe?
  ohne Dribbling,
  mit einem Dribbling.

Fehlerbild – Korrekturmaßnahmen

Die Fehlerbilder und die entsprechenden Korrekturmaßnahmen können aus dem Kapitel »Der direkte Druckpaß« (s. S. 32) entnommen werden.

Der Überkopfpaß

Technische Ausführung

Basketballgrundstellung.
Der Ball wird über Kopfhöhe gehalten.
Die Ellbogen sind leicht gebeugt.

15 Überkopfpaß

Die locker gespreizten Finger halten beiderseits den Ball.
Die abgespreizten Daumen liegen unter dem Ball.
Die Handflächen berühren nicht den Ball.
Die Handgelenke werden zur Daumenseite gebeugt.
Der Ball wird mit Impuls aus Ellbogen- und Handgelenken zugespielt.
Die Finger zeigen nach dem Abspiel zu Boden.

Methodische Übungsreihe zum Erlernen

1. Gassenaufstellung mit einem Abstand von 3 bis 5 m:
   Die Spieler versuchen schnell und genau hin und her zu passen.
   Zwei Stirnreihen stehen sich mit einem Abstand von 3 bis 5 m gegenüber (Markierungslinien). Jeder Spieler paßt zum gegenüberliegenden Spieler und reiht sich am Ende seiner Gruppe wieder ein.
   Variationen:
   Der Abstand wird vergrößert.
   Die Paßgeschwindigkeit wird erhöht.
   Jedem Paß geht eine Blick- oder Körpertäuschung voraus.
   Gruppenwettkampf:
   Welche Gruppe schafft am schnellsten 3 Durchgänge?
   Welche Gruppe erzielt in einer bestimmten Zeit die meisten Pässe?

2. Der paßgebende Spieler läuft seinem Ball nach und ordnet sich am Ende der gegenüberliegenden Gruppe ein.
   Variationen:
   Der Abstand wird vergrößert.
   Die Paßgeschwindigkeit wird gesteigert.
   Dreieckaufstellung, Viereckaufstellung, Kreisaufstellung.
   Gruppenwettkampf:
   Welche Gruppe schafft 3 Durchgänge am schnellsten?
   Welche Gruppe schafft in einer bestimmten Zeit die meisten Pässe?
3. Kreisaufstellung, Wettwanderball:
   Der Ball wird im Kreis von Mann zu Mann gespielt. Es kann mit einem oder mehreren Bällen gespielt werden.
   Wettkampf: Die Bälle sollen sich gegenseitig einholen.
   Variationen:
   Der Abstand zwischen den einzelnen Spielern wird vergrößert.
   Die Paßgeschwindigkeit wird erhöht.
   Jedem Paß geht eine Blick- oder Körpertäuschung voraus.
   Gruppenwettkampf:
   Welche Gruppe schafft die meisten Pässe?
4. Kreisaufstellung:
   Die Spieler können beliebig passen. Nur der linke und rechte Nebenmann darf nicht angespielt werden. Blickverbindung muß dem Paß vorausgehen.
   Gruppenwettkampf:
   Welcher Kreis schafft in einer bestimmten Zeit die meisten Pässe?
5. Kreisaufstellung, Tigerball:
   Je nach Kreisdurchmesser befinden sich ein, zwei oder mehrere Spieler im Kreis und versuchen, die Pässe abzufangen. Es sind nur Überkopfpässe erlaubt. Berührt der Spieler in der Mitte den Ball, so wechselt er mit dem Paßgeber.
6. Gassenaufstellung mit einem Abstand von 3 bis 5 m:
   Die beiden Spieler geben sich gegenseitig Pässe, die im Stand gefangen werden können, aber nicht auf Brusthöhe vor den Körper gezielt sind.
   Variationen:
   Der Abstand wird vergrößert.
   Dasselbe in Kreisaufstellung.
   Jedem Paß geht eine Blick- oder Körpertäuschung voraus.

Übungsformen zum Verbessern

- Die Spieler bilden einen Kreis mit einem Mittelmann. Der Ball wird in die Kreismitte gespielt. Der paßgebende Spieler läuft seinem Ball nach und

nimmt die Position des Mittelmanns ein. Der Mittelmann paßt dem linken oder rechten Nebenmann zu und läuft ebenfalls seinem Paß nach.
Variationen:
2 oder mehr Bälle.
2 oder mehr Mittelmänner.
(Voraussetzung: Der Kreis muß genügend Spieler umfassen.)
Gruppenwettkampf:
Welcher Kreis schafft am schnellsten 3 Durchgänge?
Welcher Kreis schafft innerhalb einer bestimmten Zeit die meisten Pässe?

- Drei Spieler besetzen 3 Ecken eines Quadrats (Seitenlänge 3–4 m). Spieler A paßt zu B und läuft auf den freien Platz (4. Eck). B paßt zu C und läuft auf den freigewordenen Platz von A usw.
  Variationen:
  Kreisaufstellung. Der organisatorische Ablauf ist wie beim Quadrat.
  Kreisaufstellung mit mehreren Bällen. Bei 2 Bällen sind mindestens acht Spieler notwendig.
  Jedem Paß geht eine Blick- oder Körpertäuschung voraus.
  Gruppenwettkampf:
  Wieviel Pässe schafft die Gruppe in einer bestimmten Zeit?
- Völkerballspiel mit Überkopfpässen:
  Der Ball ist erst geladen, wenn er mindestens dreimal in der eigenen Mannschaft gespielt wird und dabei nicht zu Boden fällt.
- Der erste Spieler der Reihe läuft an, fängt den Ball im Sprung, stoppt ab, spielt zum Paßgeber zurück und ordnet sich am Ende der Reihe wieder ein.
  Variationen:
  Der Abstand wird vergrößert.
  Jedem Paß geht eine Blick- oder Körpertäuschung voraus.
  Der Ball wird ohne vorheriges Stoppen aus dem Lauf abgespielt.
  Gruppenwettkampf:
  Welche Gruppe schafft am schnellsten 3 Durchgänge?
  Welche Gruppe schafft in einer bestimmten Zeit die meisten Pässe?

Trainingsformen

- Zwei oder drei Spieler passen abwechselnd einem Spieler zu. Die Paßfolge wird in der Geschwindigkeit langsam gesteigert. Die Übung kann auch mit zwei Bällen ausgeführt werden.
- Partnerweise Gegenüberstellung. Jeder Spieler hat einen Ball. Beide passen den Ball seitlich, um eine Kollision der Bälle zu vermeiden.
- Acht Spieler stellen sich in einem Viereck auf (Abstand je 3 m). Die Spieler 2 und 6 passen ihren Ball im (gegen den) Uhrzeigersinn an den nächsten

Mann weiter. Die Bälle laufen von Mann zu Mann weiter. Alle Spieler mit geraden Nummern nehmen nach ihrem Paß die Position ihres Gegenüber ein.

Variationen:

Es laufen die Spieler mit den ungeraden Zahlen.

Alle Spieler nehmen nach ihrem Paß die Position ihres Gegenüber ein.

Mit zwölf Spielern in Kreisaufstellung. Jeder Spieler nimmt nach seinem Paß die Position seines Gegenüber ein.

Jedem Paß geht eine Blick- oder Körpertäuschung voraus.

Gruppenwettkampf:

Welche 8er-Gruppe schafft 3 Durchgänge am schnellsten?

- Nummernzuspiel:

  Auf einem begrenzten Spielfeld laufen Spieler, die eine Nummer erhalten haben, beliebig durcheinander. Sie müssen sich den Ball in einer festgelegten Reihenfolge (z. B. 1, 2, 3, 4, 5 usw.) zuspielen.

  Variationen:

  Jedem Paß geht eine Blick- oder Körpertäuschung voraus.

  Jeder Spieler wird von einem passiven Verteidiger begleitet.

  Jeder Spieler wird von einem passiven Verteidiger gedeckt.
- Zwei Spieler sollen von der Mittellinie aus gegen einen Verteidiger mit schnellen Pässen zum Korb durchbrechen.
- Drei Spieler stehen in Dreiecksformation auf einem Freiwurf- oder Mittelkreis. Sie müssen mit einem Fuß immer auf der Kreislinie sein. Ein weiterer Spieler steht in der Mitte und versucht die Pässe der Außenspieler abzufangen. Berührt er den Ball, wechselt er mit dem Paßgeber.

  Variation:

  Zwei Spieler stehen in der Mitte.

Fehlerbild	**Korrekturmaßnahmen**
Überkopfpaß:	
Der Paß ist zu langsam.	Kräftigung der Unterarmmuskulatur. Gegenüberstellung ca. 2 – 4 m. Passen mit Medizinball. Passen gegen die Wand mit allmählicher Abstandsvergrößerung (max. 3 m).
Der Ball wird hinter den Kopf genommen.	Passen mit Anlehnen des Rückens an eine Wand.

WERFEN

Unter dem Begriff Werfen verstehen wir das Spielen des Balles mit einer Hand oder beidhändig auf den Korb.
Dieser Technikform kommt besondere Bedeutung im Rahmen der Technikschulung zu, da letztlich der Korberfolg über Sieg oder Niederlage einer Mannschaft entscheidet.
Aufgrund des kleinen Zieles (Korb) ist ein intensives systematisches Üben und Trainieren Voraussetzung für einen Spieler.
Die Würfe kann man nach unterschiedlichen Gesichtspunkten ordnen. Entsprechend ihrer Entfernung zum Korb unterscheiden wir:

- Nahdistanzwürfe
- Mitteldistanzwürfe
- Weitdistanzwürfe

Entsprechend ihrer technischen Ausführung unterscheidet man:

- Einhandwürfe
- Beidhandwürfe
- Würfe aus dem Stand
- Würfe aus der Bewegung

Der Korbleger

Der Korbleger gilt als die sicherste Form des Korbwurfes aufgrund seiner geringen Distanz zum Korb. Im Spiel findet er seine Anwendung beim Abschluß eines Schnellangriffs sowie bei allen Durchbruchsformen.
Man unterscheidet zwei Arten von Korblegern:

- den Druckwurfkorbleger
- den Unterhandkorbleger (ein- und beidhändig)

Vorrangig soll der Druckwurfkorbleger gelehrt werden, da in seiner Ausführung die wichtigsten Merkmale der Korbwürfe – die Arm- und Ballführung – enthalten sind. Der Unterhandkorbleger stellt bereits eine Sonderform des Korblegers dar, die nur in ganz speziellen Spielsituationen angewendet wird. Da der Unterhandkorbleger grundsätzlich nach dem Druckwurfkorbleger unterrichtet werden soll, kann bei seiner Erarbeitung auf einzelne methodische Schritte verzichtet werden. Ansonsten sind die Übungen vom Druckwurfkorbleger zu verwenden.
Der Korbleger soll zunächst wie das Dribbling mit der ungeübten Hand bis zur Beherrschung der Grobform erarbeitet werden, ehe die geübte in den Lernprozeß eingreift (Begründung siehe Dribbling). Dabei können einzelne methodische Schritte übergangen werden. Das sichere Beherrschen des Korblegers von beiden Seiten mit der Außenhand (z. B. Korbleger von links mit der linken Hand) sollte das Ziel sein.

Die folgenden Erläuterungen beziehen sich ausschließlich auf die Ausführung mit der rechten Hand.

Der Druckwurfkorbleger nach Dribbling

16 Druckwurfkorbleger nach Dribbling

Technische Ausführung

Der Übende läuft von der rechten Seite an (etwa mit 45° zum Korb). Die Einleitung des Korblegers erfolgt vom linken Bein mit gleichzeitigem Aufsetzen des Balles durch die rechte Hand.
Während des folgenden raumgreifenden Schrittsprungs auf den rechten Fuß wird der Ball mit beiden Händen aufgenommen (bei Ballaufnahme kein Fußkontakt am Boden – Schrittregel).
Die Augen sind nicht auf den Ball gerichtet.

Der folgende Stemmschritt (linkes Bein) schafft die Voraussetzung für eine optimale Sprunghöhe.
Zur Sprungunterstützung wird das rechte Knie hochgerissen.
Der Ball wird vor der rechten Körperhälfte hochgeführt.
In Stirnhöhe liegt die Wurfhand unter dem Ball, die Stützhand seitlich.
Mit Erreichen der maximalen Sprunghöhe sind die Arme gestreckt.
Die Stützhand löst sich vom Ball.
Die Finger begleiten lange den Ball, die Wurfhand klappt nach.
Der Ball wird indirekt mit Brettbenutzung (Zielpunkt: rechte obere Ecke des Zielrechtecks) in den Korb geworfen.
Die Landung erfolgt auf beiden Beinen.

Der Unterhandkorbleger

Technische Ausführung

Die technische Ausführung gleicht der des Druckwurfkorblegers. Lediglich in folgenden Phasen bestehen Unterschiede:
Der Absprung vom linken Bein erfolgt weiter vom Korb entfernt.
Die Wurfhand liegt unter dem Ball.
Die Stützhand wird früher vom Ball gelöst.
Die Finger zeigen zum Korb.
Spätestens im Sprunghöhepunkt ist der Wurfarm gestreckt.
Der Wurfimpuls erfolgt aus dem Handgelenk.
Der Ball rollt über die Fingerkuppen.

17 Unterhandkorbleger

Methodische Übungsreihe zum Erlernen

Übungsformen ohne Ball

1. Ein Hindernis drei Gehschritte vom Korb entfernt quer zur Laufrichtung aufstellen. Ein Seil wird an der rechten Seite des Zielrechtecks befestigt und hängt so weit herab, daß es für den Spieler im Sprung erreichbar ist. Der Spieler läuft mit kleinen Schritten an, springt vor dem Hindernis mit dem linken Bein ab und versucht nach zwei weiteren Kontakten rechts – links mit der rechten Hand das Seilende zu erreichen.
   Hinweis:
   Die Langbank als Hindernis soll nicht zu lange verwendet werden. Es besteht sonst die Gefahr, daß durch die Langbank der sonst flache und lange Schritt zur Ballaufnahme zu hoch eingeübt wird.
2. Die Langbank wird durch Markierungen oder andere niedrige Hindernisse (Seil, Sandsack, 3 Reifen) ersetzt.

Übungsformen mit Ball

1. Aufstellung frontal zur Wand (Abstand 2 m). Der Spieler springt vom linken Fuß ab, reißt gleichzeitig das gebeugte rechte Schwungbein hoch und wirft im Bogen mit der rechten Hand den Ball gegen die Wand.
   Weitere Organisationsformen:
   Gassenaufstellung, Dreieckaufstellung, Viereckaufstellung.
2. Wie 1. auf den Korb.
3. Ablaufpunkt und Bodenkontakte sind markiert. Ein Spieler läuft mit einem Dribbling (Schrittfolge links – rechts – links) an und versucht dann, die obere rechte Ecke des Zielrechtecks zu treffen. Anschließend fängt er den Rebound und reiht sich in der Gruppe ein.
4. Ablaufmarke sieben Gehschritte vom Korb entfernt. Der Anlauf erfolgt nun mit zweimaligem Aufsetzen des Balles (5 Laufschritte).
5. Ablaufmarke neun Gehschritte vom Korb entfernt. Anlauf mit dreimaligem Aufsetzen des Balles (7 Laufschritte).
6. Eine Markierung für die Ballaufnahme wird angebracht. Der Anlauf der Spieler erfolgt von der Mittellinie aus.

Übungsformen zum Verbessern

Bei den aufgeführten Übungsformen sind folgende Ausführungsänderungen möglich:
Entfernung der Markierung für die Ballaufnahme variieren, Steigerung des Lauftempos, Änderung der Ausgangsposition der Übenden, Einsatz eines passiven Gegners in Korbnähe.

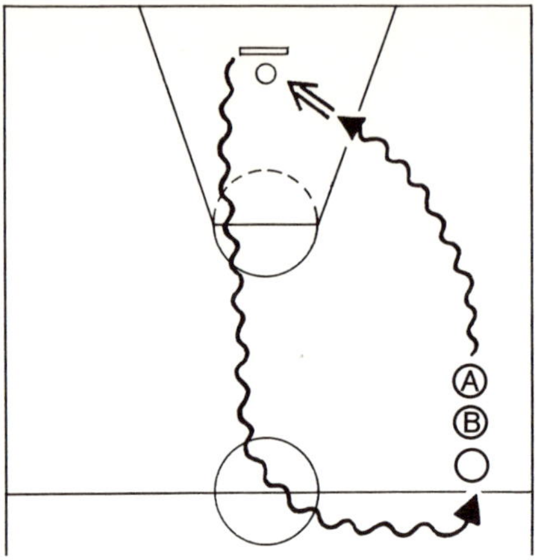

18

- Korbleger nach Dribbling. Die Stelle der Ballaufnahme wird markiert (Klebestreifen o. ä.).
  Folgende Ausführungsarten sind möglich:
  Spieler A dribbelt zum Korb, versucht einen Korbleger und dribbelt zur Gruppe zurück (s. Abb. 18).
  A dribbelt zum Korb, wirft auf den Korb und fängt den Ball bevor dieser zu Boden fällt, paßt zu B und läuft zur Gruppe zurück. B dribbelt zum Korb usw.
  Korbleger nach einem Dribbling über das ganze Spielfeld.
  Spieler A dribbelt mit der linken Hand auf der rechten Spielfeldhälfte zum Korb, wechselt die Dribbelhand, wirft auf den Korb, und fängt den Ball bevor dieser den Boden berührt.
  Wie vorher mit Handwechsel an einem Hindernis, das etwa 8 m vom Korb entfernt aufgebaut ist.
  Der Abstand des Hindernisses zum Korb wird allmählich verringert.

- Slalomdribbeln mit abschließendem Druckwurfkorbleger.
- Korbleger nach Tempodribbling über das ganze Spielfeld.
- Wettkämpfe:
  Welche Gruppe erzielt in einer bestimmten Zeit die meisten Treffer?
  Welche Gruppe erzielt in drei Durchgängen die meisten Treffer?
  Welche Gruppe erzielt als erste 5 Treffer hintereinander?
  Welcher Spieler erzielt bei 10 Versuchen die meisten Treffer?
  Welcher Spieler erzielt in einer bestimmten Zeit die meisten Treffer?

Trainingsformen

- Korbleger nach Dribbling:
  1. Spieler A dribbelt zum Korb – B verteidigt passiv.
  2. Spieler A dribbelt zum Korb – B verteidigt aktiv.
- 1 gegen 1 über das ganze Spielfeld:
  Verteidiger stört mit hinter dem Rücken verschränkten Händen.
  Verteidiger stört, ohne den Ball herauszuschlagen.
  Verteidiger stört aktiv ohne Regelverstoß.
- Vorgabekorbleger:
  Spieler A dribbelt im Stand mit Blick zum gegenüberliegenden Korb. Auf ein Zeichen hin startet A mit Vorsprung vor B zum Korb und schließt mit einem Korbleger ab. Spieler B fängt den Ball.
- Korbleger nach Drehdribbling:
  Spieler A dribbelt zum Korb mit Drehdribbling am Verteidiger vorbei und schließt mit einem Korbleger ab. Anschließend läuft er auf die Position des Verteidigers – Spieler B verteidigt passiv am Ort, fängt den Rebound und dribbelt (paßt) zur Gruppe zurück.
  Variationen:
  Spieler B stört aktiv am Ort.
  Spieler B läuft mit und versucht, den Korbleger zu verhindern.

Der Druckwurfkorbleger nach Zuspiel

Technische Ausführung

Der Korbleger nach Zuspiel unterscheidet sich vom Korbleger nach Dribbling lediglich in der Phase vor der Ballannahme.
Aus einem zügigen Lauf springt der Spieler vor der Ballannahme mit dem linken Bein ab (flacher, langer Schritt).
Die Hände werden fangbereit dem Ball entgegengestreckt.
Der Ball wird im Sprung angenommen.
Der weitere Ablauf entspricht der technischen Ausführung des Korblegers nach Dribbling.

Methodische Übungsreihe zum Erlernen

1. Die Absprungstelle und die Bodenkontakte sind markiert. Hinter der Absprungstelle liegt ein möglichst breites Hindernis (simuliert beispielsweise durch zwei auseinanderliegende Seile).

19 Druckwurfkorbleger nach Zuspiel

Ausführungsmöglichkeiten:
Spieler A läuft zum Korb, springt mit dem linken Fuß vor dem Hindernis ab, übernimmt den von B zugereichten Ball – anschließend Korbleger, Rebound und Paß zu B.
B wirft den Ball leicht an.
B spielt den Ball aus 1, 2, 3 m Entfernung schräg von vorne in Brusthöhe (Zuspiel zuerst von unten).
Das Zuspiel erfolgt von der Grundlinie mit Brustdruckpaß.
Die Markierungen der Bodenkontakte werden entfernt.
Längerer Anlaufweg – Geschwindigkeit wird gesteigert.

Übungsformen zum Verbessern

- A läuft an, erhält von B den Ball, führt einen Korbleger aus und läuft zur Gruppe zurück (s. Abb. 20).
  Variationen:
  A paßt zu B und läuft, erhält von B den Ball zurück, führt einen Korbleger aus, paßt zu C und ordnet sich in der Gruppe ein.
  A paßt zu B und läuft, erhält von B den Ball zurück, führt einen Korbleger aus, paßt zu C und läuft zur Zuspielposition. B läuft zur Gruppe.
  Kreisbetrieb über das ganze Spielfeld. Korbleger mit Einreihen in der gegenüberliegenden Gruppe.

- A und C laufen an. B paßt zu A und läuft zur Gruppe von A. A führt einen Korbleger aus und läuft zur Gruppe von C. C fängt den Rebound und paßt nach einem Dribbling zu D (s. Abb. 21).
- A dribbelt zum Korb, paßt zu B, läuft weiter, erhält den Ball von B zurück, führt einen Korbleger aus, reboundet und dribbelt zur Gruppe zurück.

  Das Ganze kann im Kreisbetrieb über das ganze Spielfeld durchgeführt werden.

  Weitere Möglichkeit: A läuft nach dem Korbleger zur Zuspielposition, B fängt den Rebound und dribbelt zur Gruppe.

20

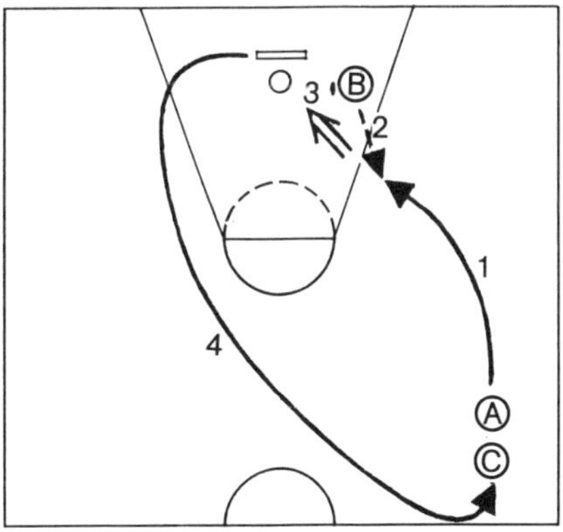

21

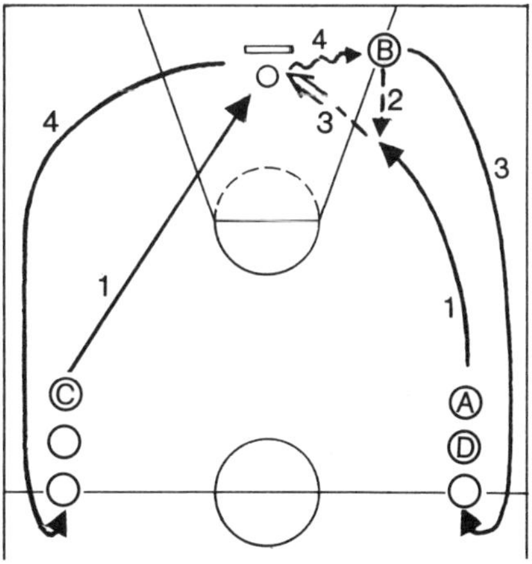

- Wettkampfformen für die vorgenannten Übungen:
  Gruppenwettkämpfe:
  Welche Gruppe erzielt in einer bestimmten Zeit die meisten Treffer?
  Welche Gruppe erzielt in 3 Durchgängen die meisten Treffer?
  Welche Gruppe erzielt als erste 5/10 Treffer hintereinander?
  Einzelwettkämpfe:
  Welcher Spieler erzielt bei 10 Versuchen die meisten Treffer?
  Welcher Spieler erzielt in einer bestimmten Zeit die meisten Treffer?
  Welcher Spieler erzielt als erster 10 Treffer?

Bei den vorgenannten Übungen sind folgende Ausführungsänderungen möglich: Steigerung des Lauftempos, Änderung der Position des Paßgebers, Änderung der Ausgangsposition der Übenden, passiver Gegner in Korbnähe.

Trainingsformen

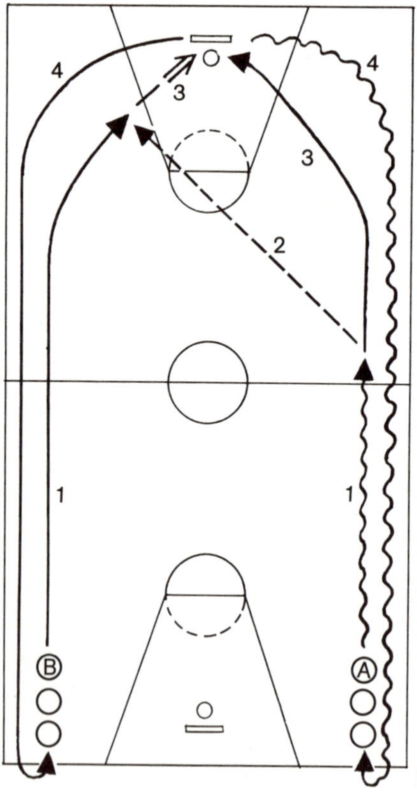

22

- Zweierlauf ohne Dribbling über das ganze Spielfeld mit Korblegerabschluß.
- A dribbelt in mäßigem Tempo zum Korb. B läuft in hohem Tempo zum Korb, erhält von A einen Steilpaß und führt einen Korbleger aus. A reboundet (s. Abb. 22).
  Variation:
  Die Spieler reihen sich in der gegenüberliegenden(anderen)Gruppe ein. Steilpaß von der Grundlinie.

Folgende Ausführungsänderungen sind noch möglich: Steigerung des Lauftempos, passiver Verteidiger, aktiver Verteidiger.

Der Druckwurfkorbleger nach Zuspiel in Verbindung mit einem Dribbling

Die methodische Entwicklung bezieht sich ausschließlich auf die Ballannahme und den sich anschließenden Dribbelbeginn.

Technische Ausführung

Die technische Ausführung stellt eine Kombination zwischen dem Korbleger nach Zuspiel und nach Dribbling dar. Neu ist der sofortige Dribbelbeginn nach Ballannahme im Lauf.
Der Ball wird nach dem Absprung vom linken Bein angenommen.
Mit dem 2. Bodenkontakt (rechtes Bein) wird der Ball sofort zu Boden gedrückt (Regel: Standbein bei Dribbelbeginn am Boden!).
Es folgt ein ein- oder mehrmaliges Dribbling.

Die methodische Übungsreihe zum Erlernen, die Übungsformen zum Verbessern und die Trainingsformen können aus dem Kapitel Korbleger nach Zuspiel vollständig entnommen werden (siehe S. 53).
Der Unterschied besteht in einem früheren Zuspiel, das ein ein- bzw. mehrmaliges Dribbling ermöglicht.

Fehlerbild	Korrekturmaßnahmen
Druckwurfkorbleger: Die Absprungstelle liegt zu nahe oder zu weit vom Korb entfernt.	Laufen auf den Kontaktmarkierungen ohne Ball mit Sprung zum Seilende. Korbleger mit Markierungen. Korbleger mit schrittweiter Entfernung der Markierungen. Korbleger mit rechtzeitigem Blick zum Korb.
Der Absprung zur Ballannahme und -aufnahme erfolgt vom falschen Bein.	Laufen auf den Kontaktmarkierungen ohne Ball. Korbleger mit Markierungen. Korbleger mit schrittweiter Entfernung der Markierungen. Korbleger mit Rhythmisierung der Schrittfolge (Betonung des Absprungbeins bereits beim Anlauf).

Fehlerbild	Korrekturmaßnahmen
Der Absprung zum Korbleger erfolgt nicht in die Höhe, sondern in die Weite.	Lauf auf den Markierungen ohne Ball mit kräftigem Absprung und Berührung von Seil, Ring oder Brett. Korbleger: Der Trainer befindet sich als bewegliches Hindernis unter dem Korb und weicht nötigenfalls aus. Korbleger mit Auffangen des Balles, bevor er zu Boden fällt. Markierung der Landestelle.
Der Ball wird von Brusthöhe aus gestoßen.	Einhandwurf aus dem Stand gegen die Wand. Zweierkontakt ohne Ball; beide Hände berühren Seil oder Brett. Korbleger mit Ball: Im Sprung mit dem Ball Seil oder Brett berühren; die Hände bleiben am Ball. Korbleger: Die Hände begleiten lange den Ball.
Die Stützhand löst sich zu früh vom Ball.	Siehe oben.
Die Streckung im Ellbogen- und Handgelenk fehlt.	Im Sitzen über eine Zauberschnur werfen (Partnerübung). Im Sitzen eine Wandmarkierung erreichen. Im Stand eine Wandmarkierung erreichen – Ziel: parabelähnliche Wurfkurve.
Der Wurf ist zu fest.	Einhandwurf aus dem Stand. Korbleger mit Anvisieren der äußeren oberen Ecke des Zielvierecks. Korbleger mit frühzeitigem Anheben des Oberarmes.

Fehlerbild	Korrekturmaßnahmen
Unsichere Landung.	Markierungen für die Landung. Jeder Spieler muß seinen geworfenen Ball auffangen bevor dieser zu Boden fällt. Korbleger mit weicher, beidbeiniger Landung.

Der Positionswurf

Der Positionswurf stellt nach dem Korbleger in seiner technischen Ausführung die einfachste Wurfart dar. Aufgrund der heutigen athletischen Spielweise hat er im Wettspiel jedoch beträchtlich an Bedeutung verloren. Trotzdem hat er in der Anfängerschulung (8–12jährige) immer noch großen Wert. Seine Anwendung findet der Positionswurf hauptsächlich als Freiwurf, aber auch beim Anfänger als Mitteldistanz- und Weitwurf.
Man unterscheidet zwei Formen des Positionswurfes:

- Den einhändigen Positionswurf
- Den beidhändigen Positionswurf

23 Positionswurf

An dieser Stelle soll nur der einhändige Positionswurf besprochen werden. Er ist von der technischen Ausführung her eine wichtige vorbereitende Wurfart für den wesentlich schwierigeren Sprungwurf. Mit Hilfe dieser Technik kann der Anfänger schon nach kurzer Übungszeit eine größere Distanz zum Korb überwinden.

Technische Ausführung

Beinarbeit:
Die Füße sind hüftbreit parallel geöffnet; der entsprechende Fuß der Wurfhand ist leicht vorgestellt (½ bis eine Fußlänge).
Der projizierte Schwerpunkt liegt zwischen beiden Füßen.
Die Knie sind leicht gebeugt.
Armarbeit:
Beide Hände führen den Ball aus Hüfthöhe mit einer Auftaktbewegung direkt über Stirnhöhe.
Dabei wird das Handgelenk der Wurfhand zurückgestellt.
Das Ellbogengelenk des Wurfarmes zeigt auf den Korb.
Der Wurf erfolgt durch Streckung des Ellbogens und Nachklappen des Handgelenkes.
Die Finger geben den letzten Impuls und zeigen zu Boden (Rückwärtsdrall des Balles).
Der Körper ist kurzzeitig gestreckt.
Die Flugbahn des Balles sollte parabelähnlich verlaufen.

Methodische Übungsreihe zum Erlernen

1. Abstand zur Wand ca. 4 m. Jeder Schüler hat einen Ball und wirft ihn in hohem Bogen mit Rückwärtsdrall gegen die Wand.
2. Gassenaufstellung – wie 1., doch statt gegen die Wand diesmal zum Partner werfen (Entwicklung des Raumgefühls).
3. Gassenaufstellung im Sitzen. Die Schüler werfen über eine Zauberschnur zum Partner (Arm- und Handgelenksarbeit).
4. Werfen auf den Korb; der Ball berührt das Zielbrett nicht. Position: Parallel zum Zielbrett (Entwicklung einer parabelähnlichen Wurfkurve). Abstand zum Korb ca. 1 m. Schrittweises Entfernen vom Korb.
5. Wettkampf: Bildung von Mannschaften, verschiedene Positionen zum Korb markieren. Welche Mannschaft durchläuft als erste alle Positionen? Ausführungsmöglichkeiten: Von jeder Position müssen zwei, drei usw. Treffer pro Mannschaft erzielt werden.
   Von jeder Position müssen zwei Treffer hintereinander pro Mannschaft erzielt werden.

Übungsformen zum Verbessern

- Indirekte Positionswürfe – direkte Positionswürfe. Der werfende Spieler steht 2 m vom Korb entfernt im Winkel von 45° (Markierung). Er wirft, fängt seinen Ball, spielt ihn dem folgenden Spieler zu.
  Variationen:
  Der Abstand wird vergrößert.
  Gruppenwettkampf:
  Welche Gruppe erzielt bei drei Durchgängen die meisten Körbe?
  Wieviele Treffer schaffen die Spieler einer Gruppe hintereinander?
  Wieviele Treffer erzielen die Spieler einer Gruppe bei 20 Versuchen?
  Welche Gruppe erzielt am schnellsten 10 Treffer?
  Bei welcher Gruppe fallen die wenigsten Bälle zu Boden?
  Einzelwettkampf:
  Welcher Spieler schafft die meisten Treffer hintereinander ohne Fehlwurf?
  Wieviele Treffer erzielt ein Spieler bei 10 Versuchen?
  Wieviele Treffer hat jeder einzelne Spieler nach fünf Durchgängen?
- Direkte Positionswürfe von der Seite.
  Zwei Reihen stehen sich parallel zur Grundlinie in einem Abstand von 1 m (Markierung) vom Korb gegenüber. Jede Reihe hat einen Ball. Die Spieler werfen abwechselnd auf den Korb, fangen den Ball, passen ihn dem nächsten ihrer Reihe zu und ordnen sich wieder in ihrer Gruppe ein.
  Variationen:
  Der werfende Spieler reiht sich nach seinem Wurf und dem Paß in der gegenüberliegenden Reihe ein.
  Ein Spieler jeder Gruppe steht unter dem Korb. Er fängt den Ball, paßt ihn dem nächsten Spieler zu und ordnet sich in der eigenen oder der gegenüberliegenden Reihe ein. Der werfende Spieler nimmt nach seinem Wurf die Position unter dem Korb ein.
  Der Abstand zum Korb wird vergrößert.
  Gruppenwettkampf:
  Welche Reihe erzielt bei drei Durchgängen die meisten Treffer?
  Bei welcher Reihe fallen die wenigsten Bälle zu Boden?
  Welche Reihe erzielt am schnellsten 10 Treffer?
  Wieviele Treffer schafft eine Reihe bei 20 Versuchen?
  Der werfende Spieler führt vor dem Wurf eine Durchbruchs- oder Paßfinte aus.
- Direkte Positionswürfe von vorne.
  Zwei Gruppen stehen leicht versetzt frontal vor dem Korb. Der erste Spieler jeder Gruppe hat einen Ball und versucht einen direkten Positionswurf. Anschließend fängt er den Ball, paßt ihn zum nächsten seiner Gruppe und reiht sich in seiner Gruppe wieder ein.

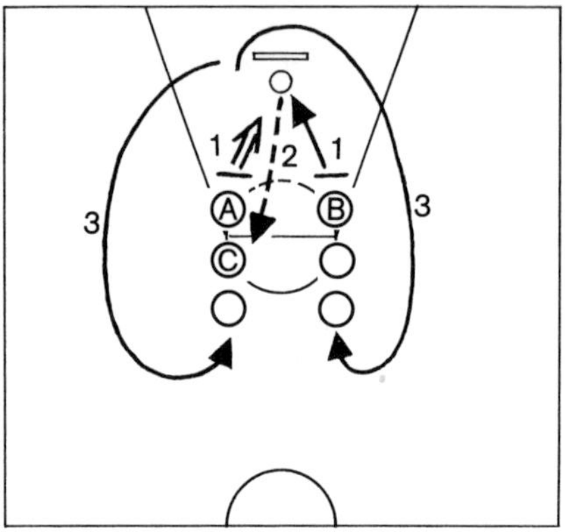

24

Variationen:
Der werfende Spieler reiht sich in der anderen Gruppe ein.
Ein Spieler jeder Gruppe steht unter dem Korb. Der erste Spieler einer Gruppe wirft und nimmt den Platz unter dem Korb ein. Der dort stehende Spieler fängt den Ball, spielt ihn zum nächsten seiner Gruppe und reiht sich dort ein.
Der zuspielende Spieler reiht sich in der gegenüberstehenden Gruppe ein.
Der Abstand wird zunehmend vergrößert.
Einzel- und Gruppenwettkampf: Es werden nur Treffer in Folge gezählt, direkte Positionswürfe mit passiver Verteidigung.

- Direkte Positionswürfe von vorne.
A wirft, gleichzeitig startet B zum Korb, fängt den Ball, paßt zu C und reiht sich in die Gruppe von A ein. A läuft zur Gruppe von B (s. Abb. 24).
Variationen:
Es wird von der rechten Seite geworfen.
Der Abstand zum Korb wird vergrößert.
Gruppenwettkampf:
An welchem Korb werden bei drei Durchgängen die meisten Körbe erzielt?
Der werfende Spieler führt vor dem Wurf eine Durchbruchs- oder eine Paßfinte aus.
- Um den Korb sind sieben Schußpositionen markiert (Abstand vom Korb ca. 2 m) und mit je einem Spieler besetzt. Ein achter Spieler steht unter dem Korb und paßt den abprallenden Ball zum jeweils nächsten Spieler. Die Spieler werfen in der Reihenfolge 1–7 und rücken nach jedem Durchgang um eine Position weiter. Der achte Spieler geht nach einem Durchgang auf Position eins, der Spieler von Position 7 unter den Korb. Es wird mit drei Bällen gespielt.

Variationen:
Der Abstand zum Korb wird vergrößert.
Gruppenwettkampf:
Welche Gruppe erzielt in einem Gesamtdurchgang (8 × 7) die meisten Treffer?
Je zwei Spieler bilden ein Paar. Spieler A wirft nacheinander auf jeder Position und erhält den Ball von Spieler B zurückgepaßt. Nach jedem Durchgang wechseln die Spieler.

Trainingsformen

- Die Spieler gehen paarweise zusammen. Spieler A wirft von einer beliebigen Position auf den Korb. Hat er Erfolg, so muß Spieler B von der gleichen Position werfen. Trifft Spieler A nicht, dann kann Spieler B seine Position frei wählen. Einen Punkt erhält ein Spieler, der von einer Position wirft, von der der andere Spieler keinen Treffer erzielte.
  Variationen:
  Der werfende Spieler führt vor dem Wurf eine Durchbruchsfinte aus.
  Der werfende Spieler führt vor dem Wurf eine Paßfinte aus.
  Der nicht werfende Spieler agiert als passiver Verteidiger.
- Wurfübung mit zwei Bällen.
  Die Spieler gehen paarweise zusammen. Ein Spieler wirft auf den Korb, währenddessen der zweite Ball vom Partner durch einen Bodenpaß dem Werfer zugespielt wird.
  Vor dem Wurf wird eine Durchbruchsfinte ausgeführt.
  Vor dem Wurf wird eine Paßfinte ausgeführt.
  Einzelwettkampf:
  Wieviele Treffer erzielt der werfende Spieler bei einem Durchgang?
  Wieviele Treffer schafft jeder einzelne hintereinander?
- Ein Spieler fängt den Rebound und paßt sofort zurück. Der werfende Spieler wechselt nach seinem Wurf beliebig seine Position.
- Die Spieler dribbeln in Richtung Korb, stoppen ab, führen einen Standwurf aus, fangen den Ball und dribbeln zurück. Das Dribbling kann von einer beliebigen Stelle des Halbfeldes begonnen werden, ebenso kann die Wurfposition geändert werden.
  Nach dem Stoppen erfolgt eine Paßfinte.
  Die Spieler üben fortlaufend im Kreisverkehr.

Fehlerbild	Korrekturmaßnahmen
Im Wurf ist das falsche Bein vorgestellt und die Wurfschulter zurückgestellt.	Fußmarkierungen aufkleben. Armkrafttraining: Werfen aus dem Sitzen (kleine Medizinbälle).
Die Schrittstellung ist zu weit.	Fußmarkierungen aufkleben.
Die Knie sind zu wenig gebeugt.	Positionswurf nach einer Kniebeuge. Positionswurf mit einer leichten Sprungunterstützung.
Der Spieler fällt nach dem Wurf nach vorne.	Positionswurf dicht hinter einem Kasten ausführen.
Der Ellbogen ist nicht unter dem Ball und zeigt nicht in Richtung Korb.	Immer wieder aus der Grundstellung die Wurfposition mit Ball einnehmen. Hochwerfen des Balles und fangen in der Wurfposition.
Der Ball liegt unsicher in der Hand.	Hochwerfen des Balles und fangen in der Wurfposition. Den Ball nur mit einer Handgelenksbewegung senkrecht hochwerfen.
Das Handgelenk wird zu wenig eingesetzt und klappt nicht nach. Die Arme werden nicht durchgestreckt.	Werfen auf der Bank sitzend: gegen die Wand, zum Partner, auf den Korb.
Die Stützhand löst sich zu früh vom Ball.	Üben der Wurfbewegung. Der Ball wird nicht abgeworfen.
Die Wurfbewegung ist ruckartig.	Positionswurf gegen die Wand. Positionswurf auf den Korb bei geringer Distanz.
Die Flugkurve ist zu flach.	Positionswurf mit Anvisieren eines höheren Bezugspunktes. Positionswurf aus dem Sitzen 1 m vom Korb entfernt.

25 Sprungwurf

Der Sprungwurf

Der Sprungwurf ist im modernen Basketballspiel die am meisten angewandte Wurfart. Durch die zunehmende Aggressivität der Verteidiger hat der Sprungwurf den Positionswurf nahezu verdrängt. Dies liegt zum einen in seiner Abwurfhöhe und zum anderen in seiner ansatzlosen Wurfausführung. Die Abwehrmöglichkeiten der Verteidiger sind daher sehr begrenzt.
Die technische Ausführung des Sprungwurfes ist schwieriger als die des Positionswurfes. Sie erfordert vor allem ausreichend Sprungkraft, ein gutes Koordinationsvermögen und eine ausgereifte Bewegungsübertragung. In Anbetracht dessen sind unbedingt vor der Einführung des Sprungwurfes die entsprechenden Voraussetzungen (Bein- und Armkraft) zu schaffen. Korbleger und Positionswurf sollten bereits in der Grobform beherrscht werden.

Technische Ausführung

Körperhaltung:
Der Oberkörper ist aufrecht.
Die Wurfschulter ist leicht vorgestellt.
Der Ball wird mit beiden Händen in Hüfthöhe gehalten.

Beinarbeit:
Die Füße sind hüftbreit geöffnet.
Der entsprechende Fuß der Wurfhand ist um eine halbe bis eine Fußlänge vorgestellt.
Der projizierte Körperschwerpunkt liegt zwischen beiden Füßen.
Die Knie sind leicht gebeugt.
Der Wurf wird durch ein leichtes Beugen der Knie eingeleitet.
Mit der anschließenden Beinstreckung (beidbeiniger Absprung) erfolgt das rasche Hochnehmen des Balles über Stirnhöhe (Wurfausgangslage).
Armarbeit:
Hierbei wird der Ball vom Körper weggeführt, ehe er höher als der Kopf kommt.
Das Handgelenk ist zurückgestellt.
Die Stützhand liegt seitlich am Ball.
Das Ellbogengelenk ist auf den Zielpunkt gerichtet.
Im Kulminationspunkt erfolgt die Wurfbewegung.
Der Arm wird gestreckt, das Handgelenk klappt nach.
Die Stützhand sichert bis zum Abwurf den Ball.
Die Finger zeigen nach dem Abwurf bodenwärts (Rückwärtsdrall des Balles).
Die Landung erfolgt beidbeinig.
Absprung- und Landepunkt sind identisch.

Methodische Übungsreihe zum Erlernen

1. Jeder Spieler hat einen Ball, der in Hüfthöhe mit beiden Händen gehalten wird. Die Knie sind leicht gebeugt. Auf ein Zeichen hin führt jeder den Ball auf Stirnhöhe bei gleichzeitiger Körperstreckung bis zum Fußballenstand.
   Nach und nach wird die Übung dann wie folgt verändert:
   Mit leichtem Absprung.
   Mit leichtem Absprung und Abwurf des Balles über Kopf im Kulminationspunkt.
   Mit leichtem Absprung und Abwurf des Balles über Kopf gegen eine Wand.
   Mit leichtem Absprung und Abwurf über Kopf zum Partner mit hoher Wurfkurve.
   Wie vorher mit Wurf auf den Korb parallel zum Zielbrett. Abstand ca. 1½ m (Erfühlen einer parabelähnlichen Wurfkurve).
2. Zwei Reihen stehen parallel zum Zielbrett 1 m links und rechts vom Korb entfernt (Markierung). Jeder Spieler hat einen Ball. Sie üben Sprungwürfe

aus dem Stand ohne Brettbenutzung, fangen ihren Ball und ordnen sich in ihrer Reihe wieder ein.
Variation:
Die Spieler ordnen sich nach ihrem Wurf auf der Seite gegenüber ein.

3. Zwei Spieler gehen paarweise zusammen. Spieler A steht unter dem Korb, fängt die Rebounds und paßt Spieler B zu. Der Spieler B übt direkte Sprungwürfe aus dem Stand (Abstand 2 m).
4. Eine Gruppe von Spielern steht im Halbkreis um den Korb (Abstand vom Korb 3 m). Zwei Spieler mit je einem Ball stehen unter dem Korb und werfen die vom Korb abprallenden Bälle den Werfern zu. Die Zuspieler werden laufend ausgewechselt.
Variation:
Jeder Spieler hat einen Ball. Drei Zuspieler stehen unter dem Korb.
5. Der Spieler A wirft auf den Korb und nimmt die Position von B ein, der den Rebound fängt, zu Spieler C paßt und die Position von Spieler A einnimmt. Spieler C wirft auf den Korb, Spieler A setzt nach, paßt zu Spieler B usw. (s. Abb. 26).
6. Jeder Spieler hat einen Ball. Freies Dribbeln im Raum. Auf ein Zeichen wird so abgestoppt, daß der entsprechende Fuß der Wurfhand durch Drehung während des Sprungs leicht vorgestellt wird (siehe »Technische Ausführung«).
7. Ausführung eines Dribblings von der Freiwurflinie frontal zum Korb, abstoppen wie vorher, Wurf aus nächster Distanz. Die Übung wird dann wie folgt verändert:
Mit 2, 3, 4 Dribblings links wie rechts.
Mit freiem Dribbling von der Mittellinie.
Mit Slalomdribbling von der Mittellinie.
Als Gruppenwettkampf: Welche Mannschaft erzielt als erste 10 Treffer?
8. Ein Spieler mit Ball steht unter dem Korb. Die Übenden laufen von der Mittellinie in mäßigem Tempo an. Ca. 2 m vor dem Korb erhalten sie den Ball, stoppen ab (siehe B 1) und schließen mit einem Sprungwurf ab (s. Abb. 27). Der Paßgeber schließt sich der Gruppe an, der Werfer wird zum Paßgeber. Die Übung kann auch mit zwei Bällen durchgeführt werden.
9. Wie Übung vorher als Gruppenwettkampf.

Übungsformen zum Verbessern

- Indirekte Sprungwürfe von der Seite:
Zwei Reihen stehen in einem Winkel von 45° 1 m links und rechts vom Korb entfernt (Markierung). Jeder Spieler hat einen Ball. Sie üben Sprungwürfe mit Brettbenutzung, fangen ihren Ball und ordnen sich wieder in ihrer Gruppe ein.

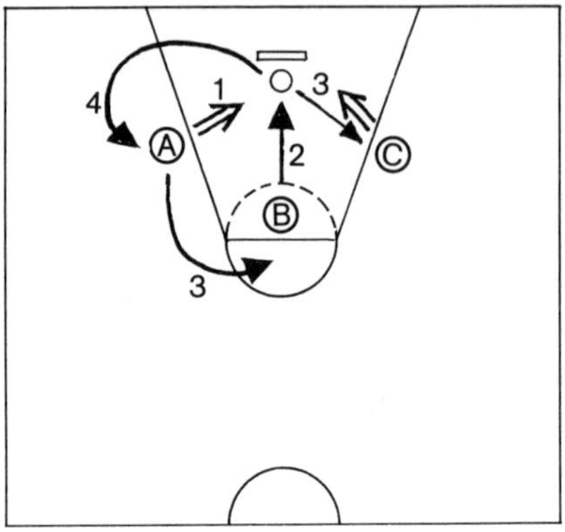

26

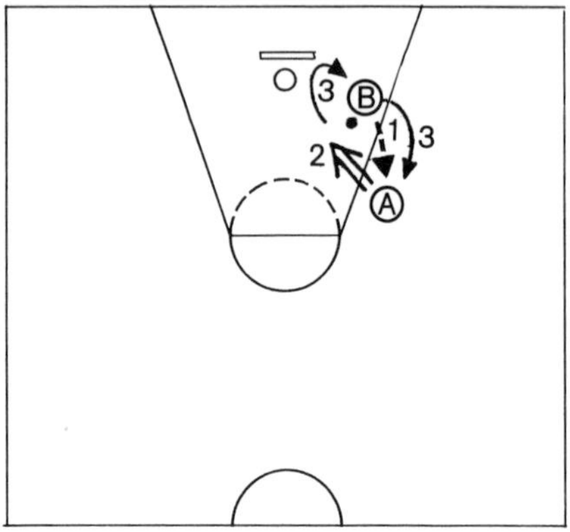

27

Variationen:
Die Spieler ordnen sich in der gegenüberliegenden Gruppe ein.
Der Abstand zum Korb wird allmählich vergrößert (Markierung).
Vor dem Sprung wird der Ball einmal gedribbelt.
Dem Sprungwurf geht eine Durchbruchs-, Paß- oder Wurffinte voraus.
Die vorhin beschriebene Übung als Gruppenwettkampf.

- Indirekte Sprungwürfe von der Seite:
  Zwei Spieler gehen paarweise zusammen. Spieler A steht unter dem Korb, fängt die Rebounds und paßt die Bälle Spieler B zu. Dieser übt indirekte Sprungwürfe von einer Markierung aus.
  Variationen:
  Die Spieler üben direkte Sprungwürfe frontal zum Korb.
  Die Spieler üben direkte Sprungwürfe parallel zur Grundlinie.
  Der jeweilige Abstand zum Korb wird vergrößert.
  Es wird mit zwei Bällen je Paar gespielt.
  Dem Sprungwurf geht ein einmaliges Dribbling voraus.
  Dem Sprungwurf geht eine Finte nach Wahl voraus.
  Der Paßgeber läuft seinem Paß hinterher und verteidigt beim Werfen passiv.
- Direkte Sprungwürfe: Die Würfe werden entweder frontal zum Korb oder parallel zum Zielbrett ausgeführt.
  Zwei Reihen stehen im Abstand von 2 m (Markierung) leicht seitlich versetzt vor dem Korb. Der 1. Spieler jeder Reihe hat einen Ball und versucht einen direkten Sprungwurf. Anschließend fängt er den Ball, paßt ihn zum nächsten seiner Gruppe und reiht sich in seiner Gruppe wieder ein.

Variationen:
Die Spieler ordnen sich auf der gegenüberliegenden Seite ein.
Der Abstand zum Korb wird vergrößert.
Vor dem Sprungwurf wird der Ball einmal gedribbelt.
Dem Sprungwurf geht eine beliebige Finte voraus.
Ein Spieler jeder Reihe steht unter dem Korb. Der erste Spieler jeder Reihe hat einen Ball und wirft auf den Korb. Er läuft seinem Ball nach und nimmt die Position des unter dem Korb stehenden Spielers ein. Dieser fängt den Ball, spielt ihn zum nächsten Spieler seiner Gruppe und reiht sich dort wieder ein.
Variation:
Der Paßgeber verteidigt beim nächsten Werfer passiv, bevor er sich in seiner Gruppe wieder einordnet.
Zwei Reihen stehen in einem Abstand von 3 m (Markierung) leicht seitlich versetzt vor dem Korb. Nur die linke Reihe hat einen Ball. Der links stehende Spieler wirft und reiht sich dann rechts ein. Gleichzeitig startet der erste rechts stehende zum Korb, fängt den Ball, paßt zu links und reiht sich in die linke Gruppe ein.

- Direkte Sprungwürfe auf verschiedenen Positionen:
Eine Gruppe von Spielern steht im Halbkreis um den Korb (Abstand ca. 4 m). Zwei Spieler stehen mit je einem Ball unter dem Korb und werfen die vom Korb abprallenden Bälle den Werfern zu. Die Zuspieler werden laufend ausgewechselt.
Variationen:
Der Abstand zum Korb wird vergrößert.
Jeder Werfer hat einen Ball.
Der Sprungwurf erfolgt nach einem einmaligen Dribbling.
Dem Sprungwurf geht eine Durchbruchs-, Paß- oder Wurffinte voraus. Die Finte wird zunächst festgelegt, später freigestellt.
Der Paßgeber verteidigt passiv.
Einzelwettkampf:
Welcher Spieler erzielt bei einer bestimmten Anzahl von Würfen die meisten Treffer?
Welcher Spieler erreicht am schnellsten 10 Treffer?

- Der Spieler erhält abwechselnd von links und rechts einen Ball zugespielt und wirft fortlaufend. Nach einer bestimmten Wurfzahl erfolgt der Wechsel der einzelnen Positionen im Uhrzeigersinn, d. h. einer der Zuspieler wird zum Werfer, während der Werfer zum Zuspieler wird.
Variationen:
Es wird mit zwei Bällen gespielt.
Der Abstand wird vergrößert.
Der Sprungwurf erfolgt nach einem einmaligen Dribbling.

Dem Sprungwurf geht eine Durchbruchs-, Paß- oder Wurffinte voraus. Die Finte wird zunächst festgelegt, später freigestellt.
Einzelwettkampf: Siehe unter Wettkampfformen beim vorangegangenen Punkt.

Trainingsformen

- Die Spieler gehen paarweise zusammen. Spieler A wirft von einer beliebigen Position auf den Korb. Hat er Erfolg, so muß Spieler B von der gleichen Position aus werfen. Trifft Spieler A nicht, dann kann Spieler B seine Position frei wählen. Einen Punkt erhält ein Spieler, der von einer Position trifft, von der der andere Spieler keinen Erfolg hatte.
  Variationen:
  Der werfende Spieler führt vor dem Wurf eine Paßfinte aus.
  Der werfende Spieler führt vor dem Wurf eine Durchbruchsfinte aus.
  Der nicht werfende Spieler agiert als passiver Verteidiger.
  Dem werfenden Spieler ist die Art der Finte freigestellt.
- Spieler A erhält von Spieler B einen Paß, den er im Sprung annehmen muß. Er führt einen Sprungwurf aus, ohne bei der Landung den Ball unter Kopfhöhe zu nehmen.
- Spieler A fängt den Rebound und paßt sofort zurück. Der werfende Spieler B wechselt nach jedem Sprungwurf seine Position (s. Abb. 28).
  Variationen:
  Dem Sprungwurf geht eine beliebige Finte voraus.
  Der paßgebende Spieler verteidigt aktiv. Der Werfer soll sich durch eine Finte für den Wurf freimachen.
  Zwei Spieler stehen unter dem Korb und spielen abwechselnd dem Werfer den Ball zu und decken aktiv. Nach einer bestimmten Wurfzahl werden die Positionen gewechselt.

28

29

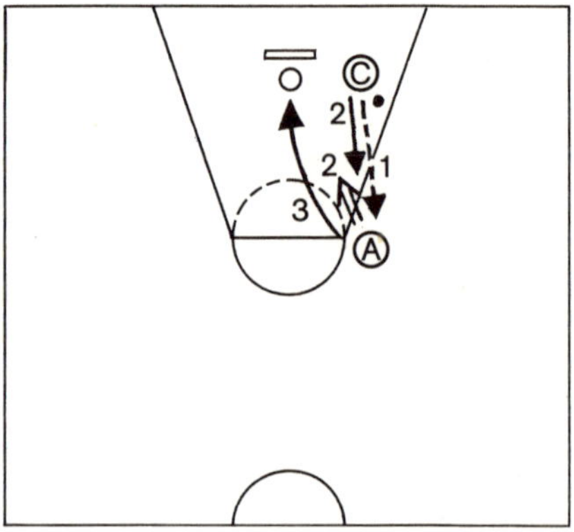

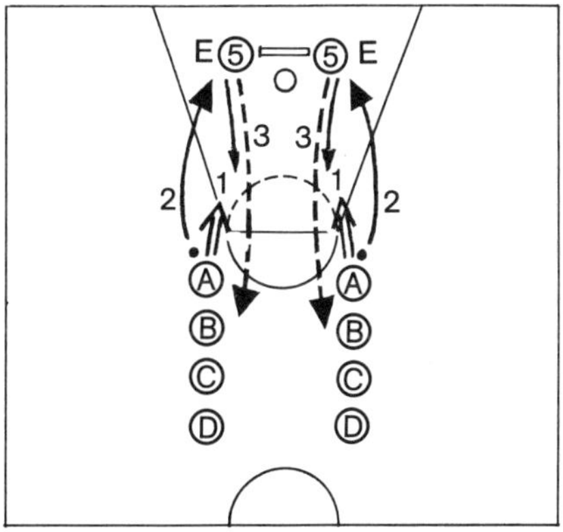

30

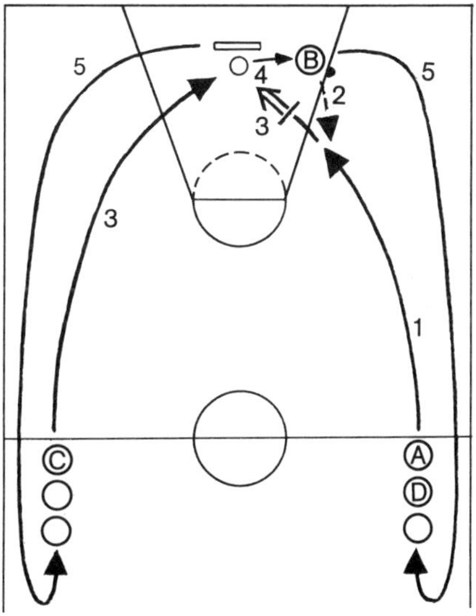

31

- Spieler C paßt den Ball zu. Spieler A wirft auf den Korb und versucht den abprallenden Ball zu sichern. Spieler C verteidigt aktiv und versucht die Aktion von Spieler A zu verhindern. Verfehlt der Wurf sein Ziel bzw. fängt Spieler C den Ball, dann wechselt dieser mit Spieler A die Position. Trifft Spieler A bzw. fängt er den abprallenden Ball, so bleibt jeder Spieler auf seiner Position und Spieler C spielt Spieler B an (s. Abb. 29).
- Ein Spielerpaar spielt 1 gegen 1 auf einen Korb von der Mittellinie aus. Der ballbesitzende Spieler versucht durch entsprechende Dribbelfinten in eine gute Wurfposition zu gelangen.
  Das Spiel 1 gegen 1 kann auch nur in unmittelbarer Korbnähe durchgeführt werden.
- Zwei Reihen stehen rechts und links an den Ecken der Zone. Spieler A wirft auf den Korb und läuft dem Ball hinterher. E fängt den Ball, spielt zu B und deckt diesen aktiv. Spieler B wirft sofort und läuft seinem Ball nach usw. (s. Abb. 30).
  Variationen:
  Dem Sprungwurf geht eine Finte voraus.
  Der werfende Spieler versucht selbst gegen die Abwehr von Spieler E den abprallenden Ball zu holen.
- Zwei Reihen stehen hinter der Mittellinie. Spieler A läuft an, erhält von Spieler B den Ball zugepaßt und führt nach dem Abstoppen einen Sprungwurf aus. Dann reiht er sich auf der gegenüberliegenden Seite ein. Während der Ausführung des Sprungwurfes läuft Spieler C an, fängt den

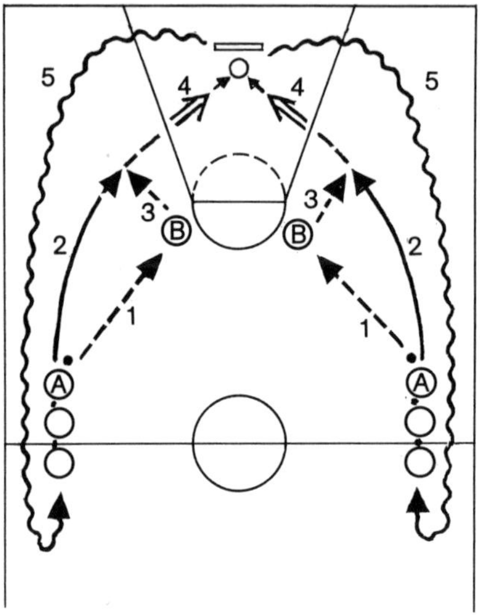

32

abprallenden Ball, paßt von der Position des B zu D und reiht sich in der gegenüberliegenden Reihe ein (s. Abb. 31).
Variationen:
Zwischen der Ballannahme und dem Sprungwurf wird noch ein Dribbling zwischengeschaltet.
Dem Sprungwurf geht eine frei gewählte Finte voraus.
Der paßgebende Spieler verteidigt passiv.
Der paßgebende Spieler verteidigt aktiv.

- Ein Spielerpaar läuft im Zweierlauf über das Spielfeld und schließt mit einem Sprungwurf ab.
  Variation:
  Criss-Cross (siehe S. 42) über das ganze Spielfeld mit einem Sprungwurf als Abschluß.
- Spieler A paßt zu Spieler B und läuft in Richtung Korb. Im Lauf zum Korb nimmt Spieler A den Paß von Spieler B im Sprung an, stoppt ab und führt einen Sprungwurf aus. Nach dem Wurf holt er seinen Ball und reiht sich dribbelnd in der gegenüberliegenden Gruppe ein (s. Abb. 32).
- Die Spieler dribbeln von der Freiwurflinie rechts vom Korb mit der rechten Hand zur Grundlinie. Kurz vor der Grundlinie führen sie ein Paßgangdribbling aus (rechter Fuß, rechte Hand nach einem Rhythmuswechsel), springen vom rechten Bein ab und landen nach einer ¼-Drehung links/rechts. Nach der Landung führen sie einen Sprungwurf aus.

Fehlerbild	Korrekturmaßnahmen
Der Wurf erfolgt, bevor der höchste Punkt des Sprungs erreicht ist.	Ausführung des Sprungs und des Wurfes ohne und mit Ball aus dem Stand. Sprungwurf aus dem Stand gegen die Wand. Der Abwurf erfolgt erst auf ein Zeichen des Lehrers.
Der Ball wird nicht über Kopfhöhe gebracht.	Einnehmen der Wurfposition ohne und mit Ball. Der Ball wird nicht abgeworfen. Sprungwurf senkrecht in die Höhe. Sprungwurf gegen die Wand.
Die Beine werden im Sprung angezogen.	Strecksprünge ohne und mit Ball aus dem Stand und aus der Bewegung. Sprungwurf unter schwerpunktmäßiger Berücksichtigung der gestreckten Beine im Sprung.
Andere Fehlerbilder siehe Positionswurf S. 64.	

Der Hakenwurf

Er ist ein typischer Centerwurf, der sich aus korbnahen Situationen entwickelt hat. Der Verteidiger kann ihn nur schwer abwehren, da der Ball während der gesamten Wurfphase vom Angreifer völlig abgedeckt wird.

Technische Ausführung

Rechtswerfer:
Position des Werfers: Rücken zum Korb gerichtet.
Eindrehen des linken Fußes in Richtung Korb.
Kopf geht der Bewegung voraus.
Verlagerung des Körpergewichts vom rechten auf den linken Fuß – drehen des linken Fußes in Richtung Korb.
Beidhändiges Hochführen des Balles in Verlängerung der Schulterachse mit Anreißen des rechten Knies.

33 Hakenwurf

Einhändiger Abwurf im höchsten Punkt mit Nachklappen des Handgelenks.
Der Wurf kann direkt oder indirekt erfolgen.
Landung beidbeinig.

Methodische Übungsreihe zum Erlernen

1. Partner in Gegenüberaufstellung (4 m), Schulterachse auf Partner gerichtet – Wurf zum Partner (siehe Technische Ausführung).
2. Wie 1., Wurf gegen die Wand, Wurfhöhe an der Wand markieren.
3. Wurf auf den Korb, Abstand 1½ m, Schulterachse im 45°-Winkel auf den Korb gerichtet.
4. Wie 3., Abstand auf 2 bis 3 m vergrößern.

Übungen zum Verbessern

- Partner in Gegenüberaufstellung (etwa 4 m). Werfer mit Rücken zum Partner (siehe Technische Ausführung).
- Wie oben, Wurf gegen die Wand, Wurfhöhe an der Wand markieren.
- Wurf auf den Korb, Abstand etwa 1½ m.
- Wurf auf den Korb mit Antäuschen einer Wurfbewegung in die Gegenrichtung.
- Wie oben, Abstände zum Korb bis auf 3 m vergrößern.
- Positionen zum Korb verändern.

Trainingsformen

- Dreiergruppe: ein Paßgeber, ein Werfer, ein Verteidiger. Der Werfer erhält den Ball im Stand vom Paßgeber zugespielt, Täuschung nach rechts, Abdrehen zum Korb nach links; passive Verteidigung.
- Wie oben, aber mit aktiver Verteidigung.
- Werfer läuft von der Grundlinie aus dem Paß entgegen, stoppt ab, täuscht und wirft gegen aktiven Verteidiger.
- Wie oben, Werfer wählt die Wurfposition zum Korb frei und erhält den Paß.
- Einzelwettkampf:
  Werfer erhält 5 Punkte. Bei Korberfolg 1 Punkt Zuschlag, bei Mißerfolg 1 Punkt Abzug. Bei Null wechseln Werfer, Verteidiger und Paßgeber.
- Werfen auf Zeit mit Zählen der Treffer.

Fehlerbild	Korrekturmaßnahmen
Stützhand löst sich zu früh vom Ball.	Hochführen der Stützhand über Schulterniveau.
Absprung vom falschen Bein.	Würfe aus dem Stand mit Gewichtsverlagerung auf das linke Bein. Rechtes Bein wird angewinkelt.
Ball wird nicht in Verlängerung der Schulterachse geführt.	Aufstellung dicht an der Wand mit Schulterachse zur Wand parallel gestellt. Hakenwürfe so ausführen, daß die Schulterachse parallel zur Wand bleibt.

Taktik

Unter Taktik versteht man die Gesamtheit der individuellen und mannschaftlichen Angriffs- und Verteidigungsverfahren, die auf der Grundlage der Spielregeln, der Kampfesweise des Gegners und den vielfältigen Spielbedingungen angewendet werden und mit deren Hilfe die Konzeption der Spielgestaltung realisiert werden soll, um ein optimales Spielergebnis zu erreichen. (Zitat: Harre – Mahlo).
Dieses Kapitel ist in drei Abschnitte untergliedert,

- die Einzeltaktik,
- die Kleingruppentaktik,
- die Mannschaftstaktik,

die wiederum in Angriff und Verteidigung unterteilt sind.

EINZELTAKTIK

Voraussetzung für ein erfolgreiches mannschaftstaktisches Verhalten ist die intensive Schulung der Einzeltaktik. Sie gliedert sich wie folgt auf:

Verteidigerverhalten gegen Angreifer ohne Ball

- Basketballgrundstellung.
- Position des Verteidigers auf der direkten Linie zwischen Angreifer und Korb im Abstand von 1–2 m.
- Verringerung des Abstandes bei Korbnähe.
- Ortsveränderung der Verteidigerposition durch Nachstellschritte.
- Primär: Beobachten des direkten Gegenspielers.
- Sekundär: Ballbeobachtung.
- Periphere Sehfähigkeit, Beobachten des Spielgeschehens.

Methodische Übungsreihe zum Erlernen

1. Eine Gruppe von Schülern steht in Verteidigungshaltung mit Blick zum Lehrer. Auf ein Zeichen führen sie Vorwärts-, Rückwärts- und Seitwärtsbewegungen mit Nachstellschritten aus.
2. Wie 1. als Partnerübung mit mäßigem Tempo, Verteidiger verschränkt die Arme auf dem Rücken.

3. Ein Spieler im Ballbesitz greift langsam an, der Verteidiger mit verschränkten Armen auf dem Rücken.
4. Wie 3., aber der Verteidiger versucht vorsichtige Armarbeit.

Übungsformen zum Verbessern

- Verteidigen gegen einen Dribbler mit mäßigem Tempo (Abdrängen zur Seitenlinie).
- Verteidigen gegen einen Dribbler in Korbnähe.
- Verteidigen gegen einen Werfer (Korbleger, Sprungwurf).
- Verteidigen gegen einen Angreifer ohne Ball in Korbnähe. Decken der ballzugewandten Seite.

Verteidigerverhalten gegen Angreifer mit Ball

- Basketballgrundstellung, tiefer Schwerpunkt.
- Der entsprechende Fuß des Verteidigers zur Dribbelhand des Angreifers vorgestellt.
- Armarbeit entspricht der Fußarbeit (rechter Fuß vorn – rechter Arm vorn), Handteller zeigen nach oben.
- Stören des Dribblings durch die vordere Hand.
- Abdrängen des Angreifers zur Seitenlinie, wichtig: nicht vorbeiziehen lassen.
- Stören des Wurfs durch Hochführen der vorderen Hand.

Methodische Übungsreihe zum Erlernen

1. Gruppe in Verteidigungshaltung mit Blick zum Lehrer. Auf ein Zeichen Vorwärts-, Rückwärts- und Seitwärtsbewegung mit Nachstellschritten.
2. Wie 1. als Partnerübung, mäßiges Tempo, Verteidiger verschränkt die Arme auf dem Rücken.
3. Angreifer mit Ball, mäßiges Tempo, Verteidiger mit verschränkten Armen auf dem Rücken.
4. Wie 3. mit vorsichtiger Armarbeit.

Übungsformen zum Verbessern

- Verteidigen gegen einen Dribbler mit mäßigem Tempo, (Abdrängen zur Seitenlinie).
- Verteidigen gegen einen Dribbler in Korbnähe.
- Verteidigen gegen einen Werfer (Korbleger, Sprungwurf).
- Verteidigen gegen einen Angreifer ohne Ball in Korbnähe. Decken der ballzugewandten Körperseite.

Trainingsformen

- Spiel 1 gegen 1 mit hohem Tempo ohne Korb.
- Spiel 1 gegen 1 mit hohem Tempo auf den Korb.
- Einzelwettkampf: Jeder Korb zählt einen Punkt. Wer hat zuerst 10 Punkte?

Angreiferverhalten ohne Ball

- Blickverbindung mit dem Ballbesitzer.
- Lösen vom Verteidiger durch plötzlichen Antritt.
- Lösen vom Verteidiger durch angetäuschte Bewegung.
- Freilaufen durch plötzlichen Richtungswechsel.
- Freilaufen durch Tempowechsel.

Angreiferverhalten mit Ball

- Fintieren (Blick-, Körper-, Wurf-, Paß- und Schrittfinten).
- Schützen des Balles durch Dribbeln mit der Außenhand.
- Richtungswechsel mit gleichzeitigem Handwechsel.
- Tempowechsel.
- Ausnutzen von Situationen aufgrund von Fehlern des Verteidigers.

Die Übungen von S. 76, 77 sind analog anzuwenden.

Defensiv-Rebound

Als Rebound bezeichnet man geworfene Bälle, die ihr Ziel verfehlt haben und vom Ring oder Brett abprallen. Gute Reboundarbeit ist mit spielentscheidend. Mit dem Defensiv-Rebound verhindert die verteidigende Mannschaft weitere Wurfversuche der angreifenden Mannschaft und schafft sich eine gute Ausgangsposition für einen schnellen Gegenangriff.

Technische Ausführung

Beobachten des Angreifers.
Herausblocken des Angreifers mit Hilfe eines Sternschrittes.
Beobachten des Balles.
Beidbeiniger Absprung zum Ball.
Sichern des Balles vor dem Körper.
Breite Fußstellung bei der Landung.
Suchen eines freien Mitspielers.

34 Defensiv – Rebound

Methodische Übungsreihe zum Erlernen

1. Strecksprünge: die Schüler springen beidbeinig ab und strecken die Arme vor hoch.
2. Die Spieler versuchen mit beiden Händen verschieden hohe Markierungen an der Wand zu berühren.
   Die Spieler versuchen mit beiden Händen Brett bzw. Ring zu berühren.
3. Die Spieler bilden mehrere Gruppen. Ein Spieler einer jeden Gruppe steht auf einem Kasten und hält den Ball ca. 40 cm über Reichhöhe der anderen Spieler. Diese gehen unter den Ball, springen aus dem Stand hoch und versuchen den Ball an sich zu reißen. Nach und nach wird diese Übung folgendermaßen verändert:
   Die Spieler **gehen** zur Absprungstelle und springen aus der Bewegung hoch.
   Die Spieler **laufen** zur Absprungstelle und springen hoch.
4. Jeder Spieler hat einen Ball. Er wirft den Ball senkrecht hoch und versucht ihn im höchsten Punkt zu fangen. Die Übung wird dann verändert:
   Der Spieler wirft den Ball hoch gegen die Wand und fängt ihn.
   Der Spieler wirft den Ball gegen das Brett und fängt ihn.
   Der Spieler wirft den Ball leicht schräg gegen die Wand oder das Brett und fängt ihn.
5. Zwei Spieler stehen hintereinander mit Blick zur Wand (Abstand etwa 4 m). Der hintere Spieler wirft hoch gegen die Wand, der vordere Spieler fängt den Rebound. Die Übung wird folgendermaßen erschwert:

Der vordere Spieler steht mit dem Rücken zur Wand. Er beobachtet den hinteren Spieler beim Wurf, dreht sich zur Wand und reboundet.
Der hintere Spieler wirft aus ungefähr 4 m Entfernung auf den Korb. Der vordere Spieler reboundet.

Übungsformen zum Verbessern

- Zwei Spieler stehen hintereinander mit Blick zur Wand (Abstand etwa 4 m). Der hintere Spieler wirft hoch gegen die Wand, setzt seinem Wurf nach und versucht den Ball zu fangen. Der vordere Spieler versucht mit dem Rücken den Werfer auszublocken.
- Wie oben, aber der Wurf erfolgt gegen das Brett.
- Ein Spieler wirft auf den Korb. Zwei Spieler kämpfen um den Rebound.
- Zwei Spieler stehen auf Höhe der Freiwurflinie mit dem Rücken zum Korb, ein dritter wirft. Den abprallenden Ball versuchen sie zu fangen. Der Spieler, der den Ball sichern konnte, spielt den Ball zum Werfer zurück.
- Drei Spieler stehen mit dem Rücken zum Korb. Ein Spieler wirft aus beliebigen Positionen auf den Korb. Den abprallenden Ball versuchen die drei zu fangen. Der Spieler, der den Ball sichern konnte, spielt ihn zum Werfer zurück.
- Vier Spieler stehen auf der Freiwurflinie mit dem Rücken zum Korb. Ein Spieler wirft auf den Korb. Die Spieler bewegen sich zum Korb und versuchen den Rebound zu sichern.

Trainingsformen

- Ein Werfer, ein Angreifer, ein Verteidiger. Wurf auf den Korb, der Verteidiger blockt seinen Gegenspieler aus und fängt den Rebound. Positionen und Wurfwinkel verändern.
  Variationen:
  Das gleiche mit 2 Angreifern und 2 Verteidigern,
  mit 3 Angreifern und 3 Verteidigern.
  Nach gesichertem Rebound, Paß zur Seite.
- Einzelwettkampf: Wer sichert die meisten Rebounds?

Offensiv-Rebound

Beim Offensiv-Rebound muß die angreifende Mannschaft versuchen, den abprallenden Ball zu fangen. Damit erreicht sie eine größere Zahl an Korbwurfversuchen und verhindert gleichzeitig einen Schnellangriff des Gegners.
Aufgrund der wesentlich ungünstigeren Position ist jedoch das Erkämpfen eines Offensiv-Rebounds weitaus schwieriger als das Erkämpfen eines Defensiv-Rebounds. Entschlossenheit, Aggressivität, schnelle Reaktion, hoher körperlicher Einsatz und ein guter Überblick über das Spielgeschehen (peripheres Sehen) sind wichtige Voraussetzungen hierfür. Der Angreifer muß dabei darauf achten, daß er bei seinen Aktionen keine persönlichen Fouls begeht.
Wichtigste Aufgabe ist beim Offensiv-Rebound nicht die Ballsicherung wie beim Defensiv-Rebound, sondern das Schaffen einer neuen Wurfchance. Dabei stehen dem Spieler drei Möglichkeiten offen:

- Rebound mit beidbeiniger Landung und erneutem Wurfversuch oder Paß zu einem Mitspieler
- Rebound und erneuter Wurfversuch vor der Landung
- Tip in: Im Sprung wird der Ball mit einer Hand in den Korb getippt (= schwierigste, aber wirkungsvollste Möglichkeit).

Technische Ausführung

Ein Unterschied zum Defensiv-Rebound besteht im Einnehmen der Ausgangsposition. Beim Offensiv-Rebound kann der Angreifer nur über eine Finte (Körpertäuschung, Richtungs- oder Geschwindigkeitswechsel) in die günstigere korbnahe Position kommen. Der Sprung zum abprallenden Ball und die Sicherung erfolgt wie beim Defensiv-Rebound.

Trainingsformen

- Drei bis fünf Spieler spielen auf einen Korb jeder gegen jeden. Nach einem Korberfolg wird das Spiel unterbrochen und der Ball erneut von außen ins Spiel gebracht. Wer erzielt in einer bestimmten Zeit die meisten Treffer?
- Ein Spieler wirft auf den Korb. Die beiden Angreifer versuchen die noch passiven Verteidiger auszublocken und den Rebound zu erkämpfen. Der Angreifer, der den Ball sichern konnte, führt nach der Landung einen Sprungwurf aus, fängt den Ball und paßt ihn zum Spieler A zurück. Nach mehreren Versuchen wechseln die Spieler ihre Positionen.
- Der Angreifer, der in Ballbesitz kommt, wirft noch im Sprung nach.

- Der Angreifer, der in Ballbesitz kommt, versucht einen Tip in.
- Die Verteidiger greifen zunehmend aktiver ein.
- Einzelwettkampf: Welcher Angreifer erzielt in einer bestimmten Zeit die meisten Treffer?

Tip-in

Technische Ausführung

Der Angreifer versucht durch eine Finte in die günstigere innere Position zu gelangen.
Die Aufmerksamkeit des Angreifers ist hauptsächlich auf den Ball gerichtet.
Der Absprung und die Landung erfolgt wie beim Defensiv-Rebound.
Im höchsten Punkt des Sprungs geht die Hand mit weit gespreizten Fingern dem Ball entgegen.
Die Ballberührung erfolgt sehr kurz.
Die Finger liegen unter dem Ball.
Das Handgelenk ist festgestellt.

35 Tip-in

KLEINGRUPPENTAKTIK

Hierunter versteht man das geplante Zusammenspiel von mindestens zwei höchstens jedoch drei Angreifern. Man spricht in diesem Zusammenhang von kleinen spieltaktischen Einheiten. Zur begrifflichen Klärung sollen einleitend die Spielerpositionen erläutert werden.
Der **Hinterspieler (Aufbauspieler)** hat die Aufgabe das Spielgeschehen im Angriff zu lenken. Aufgrund der zurückgezogenen Position, frontal zum Korb, besitzt er die beste Übersicht.
Der **Vorderspieler (Flügelspieler)** agiert vornehmlich zwischen dem Freiwurfraum und der Seitaußenlinie. Er soll den gegnerischen Korb in Form von Korbdurchbrüchen, Distanzwürfen und verdeckten Pässen zu den Centern bedrohen.
Vorcenter (Post) und **Center** überragen die übrigen Spieler an Körpergröße beträchtlich. Um das Spielgeschehen ihrer Mitspieler beobachten zu können, müssen sie zumeist mit dem Rücken zum Korb agieren. Der Center bevorzugt hierbei den korbnahen Raum an der Grundlinie, der Post bewegt sich anspielbereit an der Freiwurflinie.
Zur Einführung von taktischen Maßnahmen muß unbedingt nach methodischen Prinzipien vorgegangen werden. Hierbei ist es unerheblich, ob es sich um Angriffs- oder Verteidigungsverhalten handelt.
Folgendes methodisches Vorgehen hat sich in Unterrichtsversuchen bewährt:

1. Kurze theoretische Einführung des Stoffes mit Hilfe von Tafelskizzen.
2. Übertragen der taktischen Maßnahmen auf das Spielfeld (Vermittlung der Raumaufteilung durch Bodenmarkierungen).
3. Erste Bewegungen ohne Gegenspieler im Gehen, im langsamen Lauf.
4. Nach Festigung der Bewegungen weitere Temposteigerungen.
5. Bei Hinzunahme von Gegenspielern Spieltempo verringern.
6. Bei Steigerung des Tempos auf exakte technische Ausführung der taktischen Maßnahmen achten.
7. Bei unbefriedigender Durchführung wiederholte Verminderung des Tempos.
8. Wettkampfformen.

36 Give and go (Doppelpaß-spiel)

a

b

c

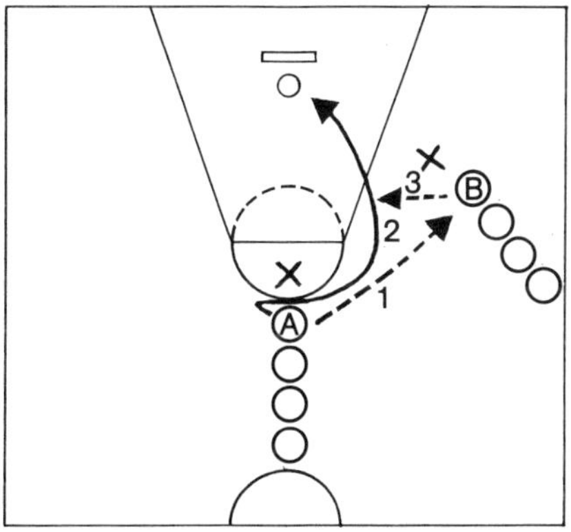

37

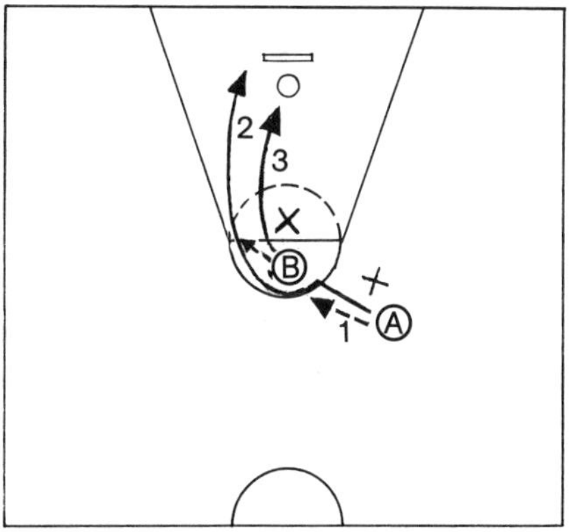

38

Give and go (Doppelpaßspiel)

Die Spieler sollen frühzeitig lernen zu kombinieren, damit sie erkennen, daß sie nur erfolgreich sein können, wenn sie miteinander spielen.
Das Spiel »Give and go« stellt die einfachste Form des Zusammenspiels dar. Es beinhaltet lediglich das Passen zu einem Mitspieler und das sich anschließende Freilaufen des durchbrechenden Spielers.

Dieses Freilaufen erfolgt zumeist durch einen überraschenden Richtungswechsel und plötzliches Starten in Richtung Korb. Dieses Doppelpaßspiel ist auf alle Positionen zu übertragen. Spieler A paßt zu Spieler B, täuscht einen Durchbruch nach links vor und schneidet auf der rechten Seite zum Korb, erhält den Paß von Spieler B zurück und schließt mit einem Korbleger ab, Spieler B setzt zum Rebound nach (s. Abb. 36, 37).

Abstreifen am Vorcenter (Post) mit Abrollen

Bei dieser taktischen Form geschieht das Lösen vom Verteidiger durch die Hilfe eines Mitspielers, der als passiver Block benutzt wird, das heißt der Angreifer läuft so dicht an seinem Mitspieler vorbei, daß der Verteidiger ihn nicht weiter verfolgen kann. Somit kann er zum Korbwurf kommen.
Spieler A paßt zu Spieler B und deutet einen Durchbruch auf der rechten Seite an, wechselt vor dem Post (Spieler B) die Richtung, um so seinen Gegenspieler am Post abzustreifen. Spieler A erhält den Ball von B und zieht zum Korb. Mit der Übergabe dreht der Post zum Korb (Abrollen) (s. Abb. 38, 39).

39 Abstreifen am Vorcenter (Post) und Abrollen

a

b

c

d

40 Kreuzen vor dem Post

a

b

c

d

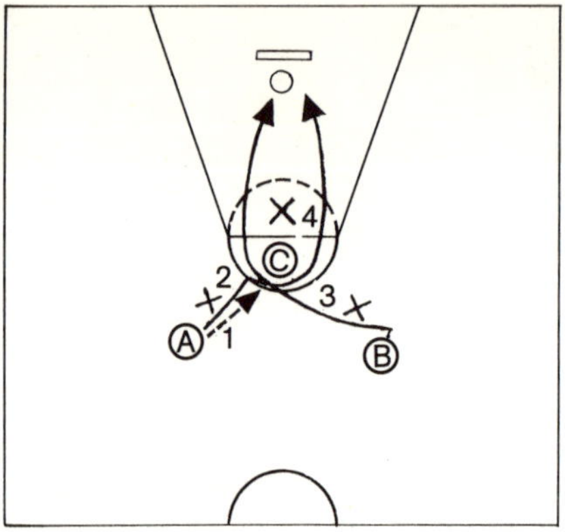

41

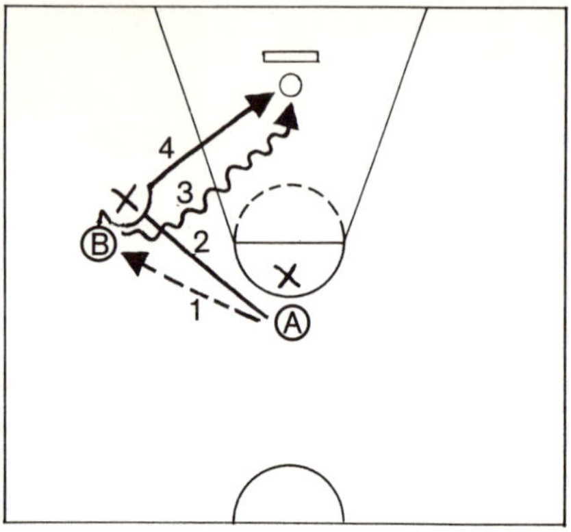

42

Kreuzen vor dem Post

Zwei Hinter- oder Vorderspieler schneiden am Post in Richtung Korb vorbei, indem sich ihre Laufwege vor dem Post kreuzen (s. Abb. 41).
Schwierig ist die zeitliche Abstimmung der Spieler A und Spieler B. Damit es nicht zu Kollisionen vor dem Post (Spieler C) kommt, müssen Absprachen getroffen werden, welcher der Spieler als erster am Post vorbeischneidet.
Es sollte grundsätzlich derjenige das Kreuzen beginnen, der den Post angespielt hat. Dieser agiert wiederum als passiver Block.
Spieler A paßt auf Spieler C und läuft dicht am Post vorbei (Richtungswechsel vor dem Post). Spieler B fintiert zu Beginn seiner Aktion und schneidet zeitlich versetzt am Post vorbei. Für den Post gibt es vier Entscheidungsmöglichkeiten:

- Paß zu Spieler A, Paß zu Spieler B, Spieler C täuscht Ballübergabe vor und zieht selbst zum Korb, Spieler C spielt den Ball wieder heraus.

Direkter Block mit Abrollen

Hier kommt der aktive Block zur Anwendung, das heißt der blockende Spieler läuft auf den Verteidiger seines Mitspielers zu, stoppt vor ihm ab, um diesen an der Verfolgung seines Angreifers zu hindern. Die günstigste Blockstellung ist erreicht, wenn die Schulterachse des geblockten Verteidigers und des Angreifers wie die Balken bei einem T zueinander stehen (s. Abb. 42).
Ziel dieser Form ist die Ausschaltung des Verteidigers, um somit ein Übergewicht des Angriffs 2 gegen 1 zu schaffen. Spieler A paßt zu Spieler B und

43 Direkter Block mit Abrollen

a

b

c

blockiert den Verteidiger von Spieler B. Dieser fintiert zur linken Seite und zieht mit der rechten Hand zum Korb. Gleichzeitig rollt Spieler A mit Blickverbindung zu Spieler B in Richtung Korb ab und schaltet den blockierten Verteidiger aus. Damit ist ein Zuspiel von Spieler B zu Spieler A möglich, falls der Verteidiger von Spieler A diesen übernimmt.

Dribbelblock

Wird ein Angreifer von seinem Verteidiger so eng gedeckt, daß er nicht ausspielbar ist, muß sein Mitspieler auf ihn zudribbeln. Statt den Ball zu passen, dribbelt Spieler A mit der linken Hand zum Verteidiger von Spieler B, blockiert diesen und übergibt Spieler B den Ball und rollt bei Dribbelbeginn des Spielers B mit Blickverbindung zum Ballbesitzer Richtung Korb ab. Zuspiel von Spieler B zu Spieler A ist möglich, falls der Verteidiger von Spieler A übernimmt (s. Abb. 44, 45).

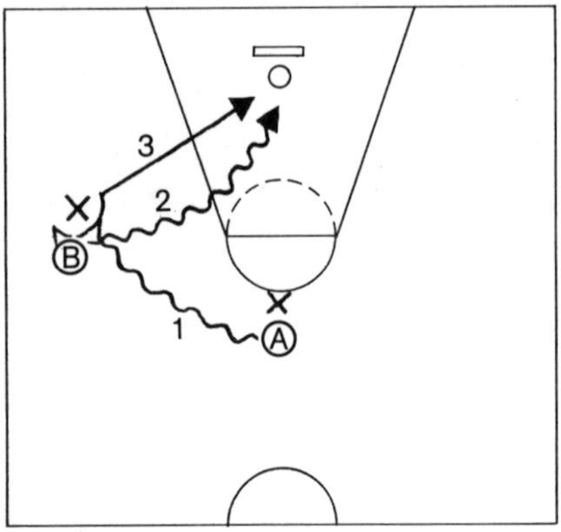

44

45 Dribbelblock

a

b

c

46 Vorgetäuschter Dribbelblock a b

Vorgetäuschter Dribbelblock

Diese Form bedeutet eine Variante des Dribbelblocks, wobei die Verteidiger im unklaren gelassen werden, ob die Ballübergabe zum Mitspieler tatsächlich erfolgt, oder ob der Ballbesitzer in Richtung Korb weiterdribbelt (s. Abb. 46). Spieler A dribbelt zu Spieler B, täuscht eine Ballübergabe vor und zieht mit schnellem Antritt zum Korb. Das Vortäuschen der Ballübergabe hat ein gegenseitiges Behindern der Verteidiger zur Folge, das zum Korbdurchbruch ausgenutzt wird.

47 Wurfschirm a b

c

d

Wurfschirm

Der Wurfschirm ist eine Form des Blocks. Der Werfer wird in der Weise vor seinem Verteidiger abgeschirmt, daß der Mitspieler sich zwischen ihm und dessen Verteidiger postiert. Spieler A paßt zu Spieler B und schirmt ihn gegen dessen Verteidiger ab. Spieler B kann ohne Behinderung auf den Korb werfen (s. Abb. 47, 48).
Statt eines Passes kann ebenso ein Dribbling von Spieler A zu Spieler B mit anschließendem Wurfschirm erfolgen.

c

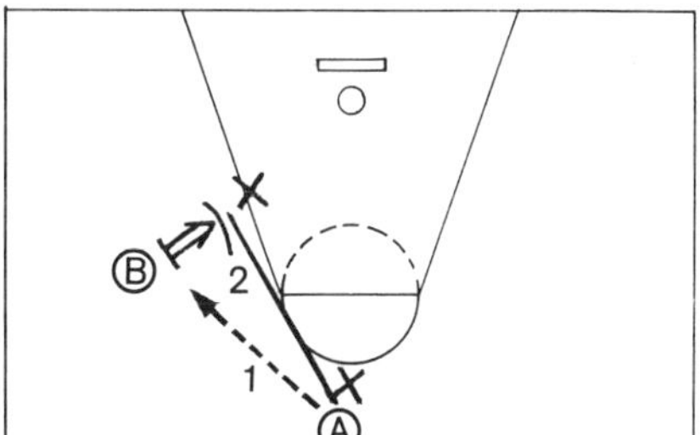

48

Indirekter Block

Der indirekte Block zählt zu den aktiven Blöcken. Er unterscheidet sich vom direkten Block dadurch, daß ein Spieler ohne Ball freigeblockt wird; hier können sich zwei Situationen für die Angreifer entwickeln, die vom Verteidigerverhalten abhängen:

- Wechseln die Verteidiger im Moment der Blockauflösung ihre Gegenspieler (mit Übernehmen) oder
- bleiben die Verteidiger bei den ihnen zugeteilten Gegenspielern (ohne Übernehmen)?

Ohne Übernehmen:
Spieler A paßt zu Spieler B, blockiert Spieler C frei, der zum Korb zieht und von Spieler B den Paß erhält. Spieler A läuft zum Rebound. Spieler B sichert die Deckung (s. Abb. 49).
Mit Übernehmen:
Spieler A paßt zu Spieler B, blockiert Spieler C frei und rollt zum Korb ab und erhält den Paß von Spieler B.
Spieler C sichert die Deckung (s. Abb. 50, 51).

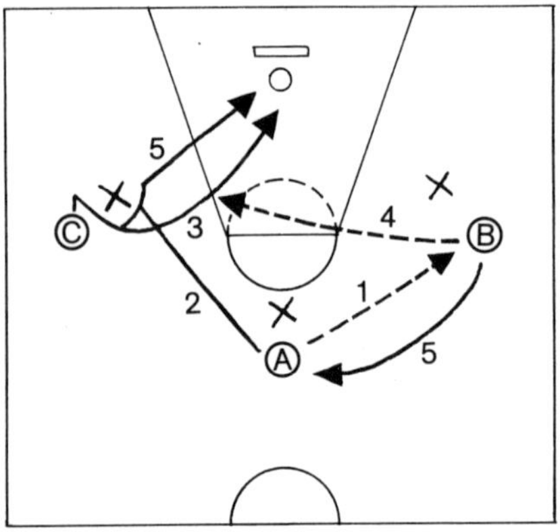

49

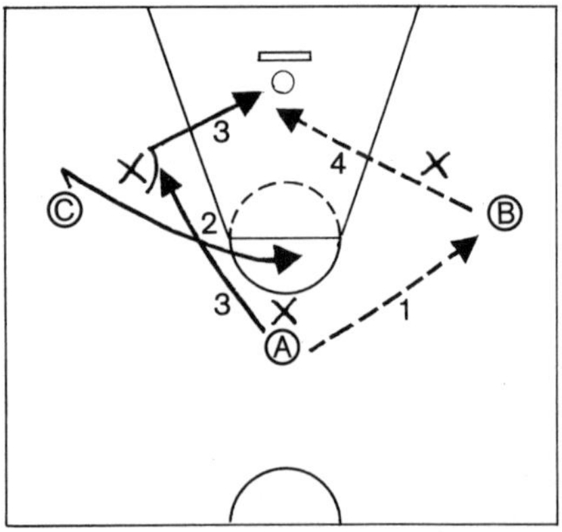

50

51 Indirekter Block

a

b

c

d

Kombination kreuzen – indirekter Block

Hier wird das Kreuzen vor dem Post um eine Variante erweitert. Statt direkt am Post vorbeizulaufen, wird ein indirekter Block vorgeschaltet. Somit entsteht für die Verteidiger eine zusätzliche Konfliktmöglichkeit (s. Abb. 52, 53).

Spieler B paßt zu Spieler C und blockiert Spieler A frei, Spieler A löst sich durch schnellen Antritt. Spieler B löst den Block auf und dreht ab in Richtung Korb.

Spieler C hat vier Entscheidungsmöglichkeiten:

- Paß zu Spieler A
- Paß zu Spieler B
- Spieler C täuscht Ballübergabe vor und zieht selbst zum Korb
- Spieler C spielt den Ball wieder heraus.

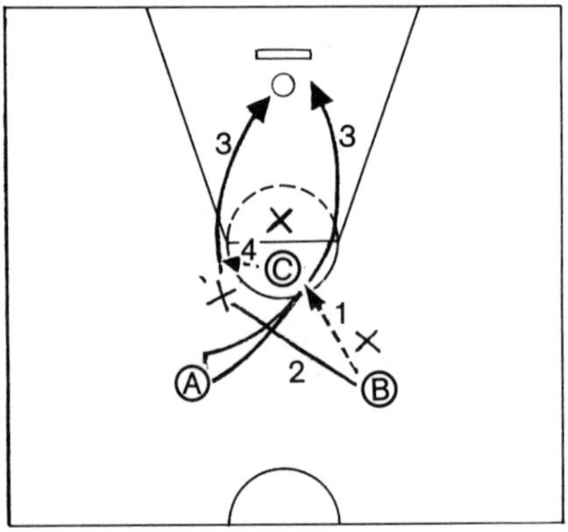

52

53 Kreuzen mit indirektem Block

a

b

c

MANNSCHAFTSTAKTIK

Verteidigung

Im Basketball werden drei Verteidigungsformen unterschieden:
1. Raumdeckung
2. Manndeckung
3. Kombinierte Deckung

Welche Deckungsart von einer Mannschaft in einem Spiel bevorzugt wird, hängt von folgenden Faktoren ab:

- Individuelles taktisches Vermögen der Spieler
- Schnelligkeit der Spieler
- Ausdauer der Spieler
- Spieltaktisches Verständnis der Spieler
- Spielverlauf

Raumdeckung

Sie ist die älteste Deckungsform und hat bis heute ihre Bedeutung als Verteidigungssystem.

Vorteile:

- Der Durchbruch des Gegners zum Korb wird durch gegenseitiges Helfen der Spieler erschwert.
- Würfe aus Korbnähe können gestört werden.
- Es ergibt sich eine gute Ausgangsposition für den Rebound (Rebounddreieck) und damit Möglichkeit zur Entwicklung eines Schnellangriffs.
- Die gegnerischen Centerspieler können vom Korb ferngehalten werden.

Nachteile:

- Kompetenzüberschreitungen können zu Mißverständnissen führen.
- Raumdeckung ist empfindlich gegen Weitwürfe (s. Abb. 56).
- Schnelle Paßarbeit der Angreifer führt zu einer raschen Ermüdung der Verteidiger.
- Raumdeckung ist anfällig gegen Überlagerungen.

Grundsätzlich sind alle Spieler ballorientiert, d. h. die Zone verschiebt sich entsprechend zur Ballseite. Der Ballbesitzer soll von mindestens einem Verteidiger attackiert und dadurch zu Fehlern verleitet werden (s. Abb. 53). Verteidigt wird meistens in drei verschiedenen Ebenen, wobei die Kompetenzbereiche der einzelnen Deckungsspieler ineinander übergreifen sollen. Entsprechend den Stärken und Schwächen des Gegners werden verschiedene Deckungsformationen gewählt, die auch noch in mehr oder minder

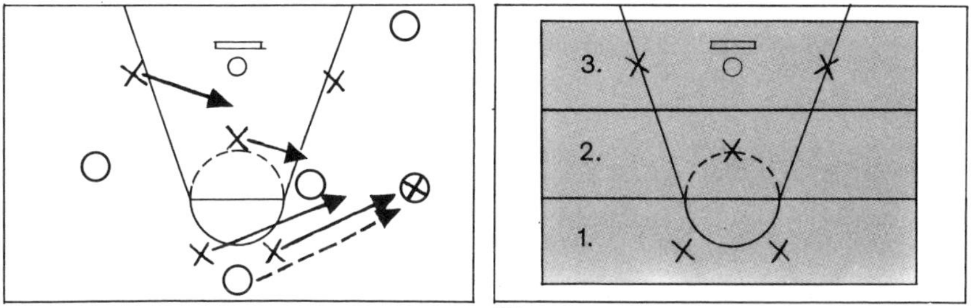

54 55

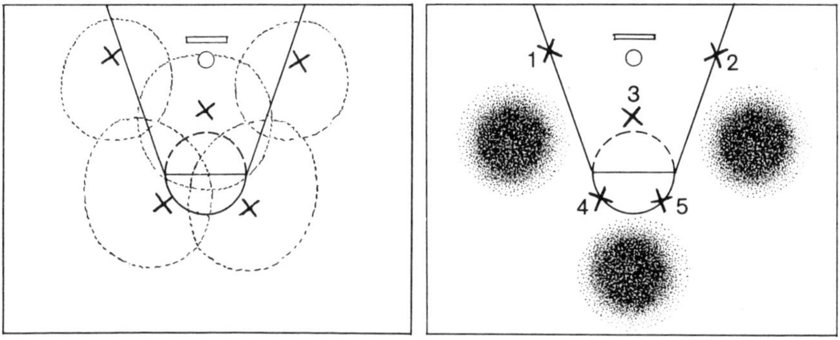

56 56a

aggressiven Ausführungen (sinkende Raumdeckung – Zonenpresse) variiert werden können (s. Abb. 55).

2 – 1 – 2 – Zone

Diese Formation kann man als die klassische Raumdeckung bezeichnen, weil sie am häufigsten angewandt wird.

Es wird in drei Ebenen verteidigt, so daß der korbnahe Raum ausgezeichnet abgeschirmt ist. Durchbrüche zum Korb sind nur bedingt möglich. Die Angreifer sollen zu Weitwürfen verleitet werden (s. Abb. 54, 55).

Aufgrund der unterschiedlichen Aufgaben in diesem Verteidigungssystem werden verschiedene Spielertypen benötigt. Die beiden Vorderspieler sollten sich besonders durch Schnelligkeit auszeichnen, um daß Paßspiel des Gegners zu stören. Sie haben den größten Raum zu verteidigen.

In der Mitte agiert der Center, der größte Spieler seiner Mannschaft. Seine Aufgabenbereiche liegen einmal im Abdecken der Räume zwischen den übrigen Spielerpositionen (s. Abb. 56) und zum anderen in der Reboundarbeit.

Bei den Hinterspielern handelt es sich ebenfalls um größere Spieler, die vor allem den Center beim Rebound unterstützen.

Das Rebounddreieck kann somit leicht von den Spielern 1, 2 und 3 gebildet werden (s. Abb. 56a). Damit ist die wichtige Voraussetzung für die Entwicklung eines Schnellangriffs gegeben.

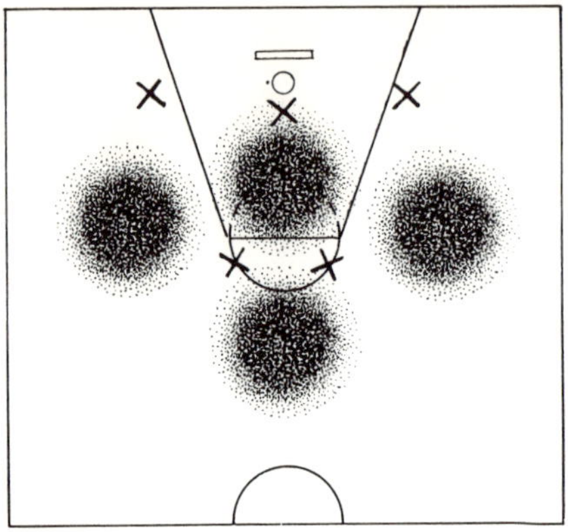

57

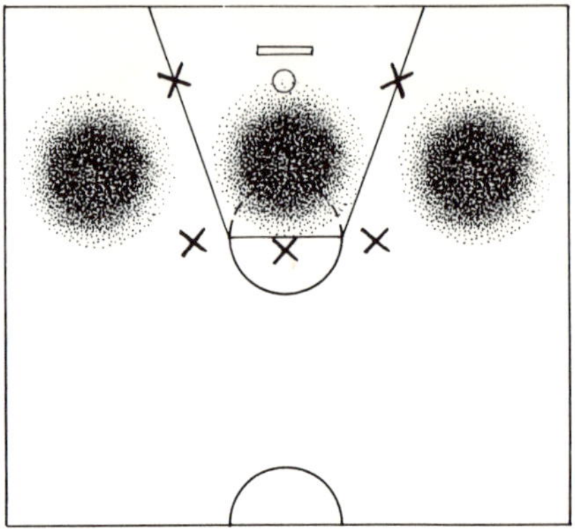

58

2 – 3 – Zone

Verschiebt man die Centerposition weiter nach hinten, kommt man zur 2 – 3 Zone, deren Stärken vor allem in der Sicherung des Korbes und des Rebounds liegen. Die Flügelpositionen und die Position des Spielmachers bedrohen den Korb durch Weitwürfe. Der Post besitzt ebenfalls viel Spielraum, so daß von ihm durch Mitteldistanzwürfe Gefahr ausgeht (s. Abb. 57).

3 – 2 – Zone

Läßt man den Center zu den Vorderspielern aufrücken, wird wiederum in zwei Ebenen verteidigt. Diese Raumdeckung bietet sich an, um die gegnerischen Flügelspieler und den Spielmacher auszuschalten. Besonders anfällig ist diese Formation gegen Aktionen von der Grundlinie, indem die Flügelspieler weit vorgeschoben sind und sich günstige Wurfpositionen verschaffen können.

Der Center an der Grundlinie kann ebenfalls von der ungenügenden Abdekkung des korbnahen Raumes profitieren (s. Abb. 58).

1 – 3 – 1 – Zone

Obwohl in drei Ebenen verteidigt wird, ist der Raum um den Korb zu ungleichmäßig abgedeckt. Diese Formation beabsichtigt vor allem den Spielmacher und den Post zu neutralisieren. Angreifbar ist die 1 – 3 – 1 Zone von den beiden Hinterspielerpositionen und der Grundlinie, sowohl im nahen als auch im weiteren Bereich.

Der Center hat Möglichkeiten unter dem Korb zum Offensiv-Rebound zu kommen, da ein Rebounddreieck nur schwer gebildet werden kann (s. Abb. 59).

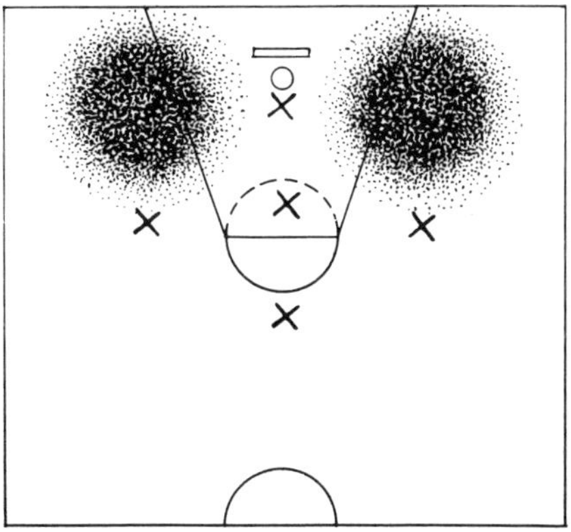
59

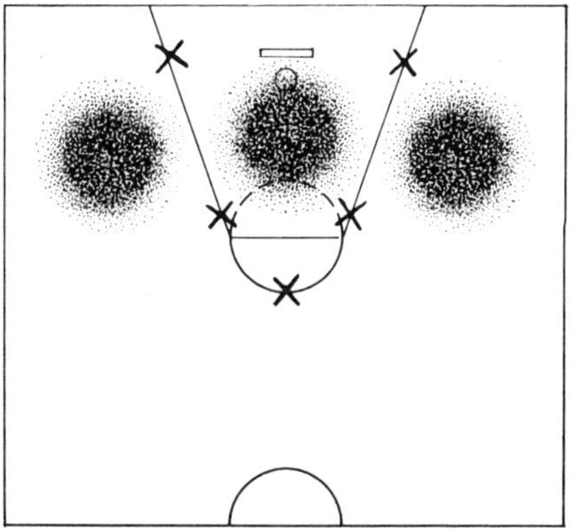
60

1 – 2 – 2 – Zone
Diese Deckungsform hat sich immer mehr bewährt, da sie darauf abzielt, den Spielmacher auszuschalten. Der Post an der Freiwurflinie sollte ständig abgedeckt sein, so daß er nur unter großem Risiko angespielt werden kann. Der Spieler auf der Position 1 trägt die Hauptlast dieser Verteidigung, so daß er häufig ausgewechselt werden muß. Die Schwachstellen liegen deutlich im korbnahen Bereich, so daß einmal der Rebound nicht gesichert ist und zum anderen das Centeranspiel durch verdeckte Pässe von den Flügelpositionen möglich ist (s. Abb. 60).

Zonenpresse

Sie stellt die aggressivste Form der Raumdeckung dar und kann sowohl auf das ganze als auch auf das halbe Spielfeld ausgedehnt werden. Es wird von den Spielern ein hohes Maß an Kondition und Kampfeswillen verlangt. Der Ballbesitzer sollte grundsätzlich von zwei Spielern attackiert werden.
Voraussetzung ist eine leistungsmäßig ausgeglichene Mannschaft, da der große Kräfteverschleiß häufiges Auswechseln erfordert:
Vorteile:
- Früher Ballbesitz durch Fehler der Angreifer
- Ausnutzen der Fehler durch Schnellangriffe
- Ausnutzen der 10 Sekunden- bzw. 30 Sekundenregel

Nachteile:
- Fehler eines Verteidigers führt leicht zum Korberfolg
- Rasche Ermüdung
- Risiko des Überlaufens (s. Abb. 61, 62)

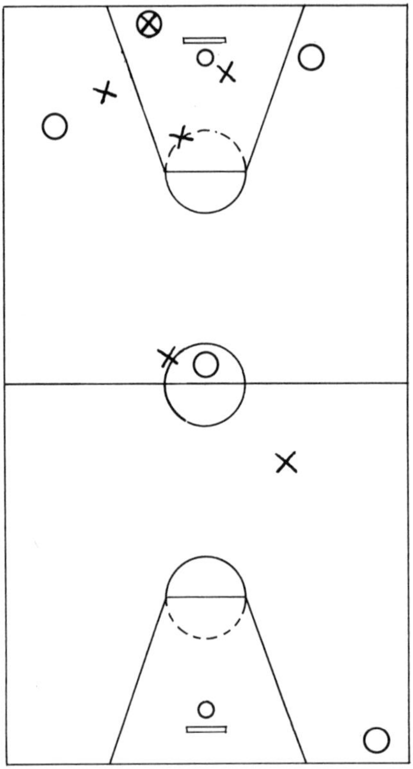

61

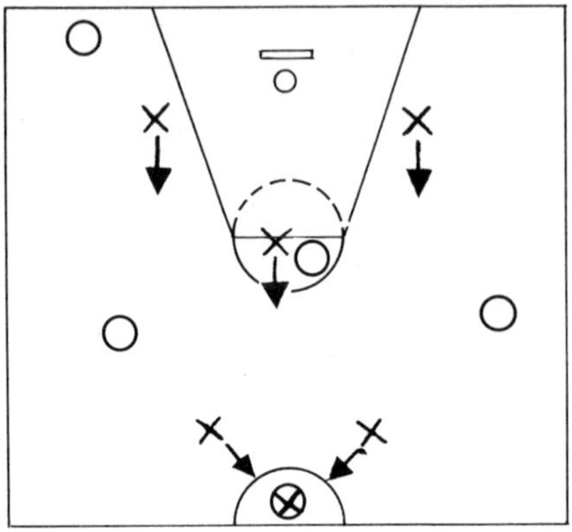

62

Manndeckung

Um dem Sprungwurf wirksam entgegentreten zu können, wurde eine neue Deckungsform geschaffen, die in höheren Spielklassen bevorzugt wird. Aufgrund einer verbesserten Wurfquote, bedingt durch die neue Wurfart, sah man sich gezwungen, die Werfer stärker zu attackieren. Die ökonomischste Form entdeckte man in der Manndeckung, d. h. jeder Verteidiger bekommt einen direkten Gegenspieler zugeordnet, für den er verantwortlich ist. Damit ist gewährleistet, daß der Ballbesitzer ständig gestört wird. Entsprechend ihren Funktionen entwickelten sich verschiedene Formen der Mannverteidigung.

Sinkende Manndeckung:
Der Ballbesitzer wird von seinem Gegenspieler angegriffen.
Die übrigen Verteidiger ziehen sich zurück, um gegebenenfalls dem Mitspieler zu helfen (s. Abb. 63).

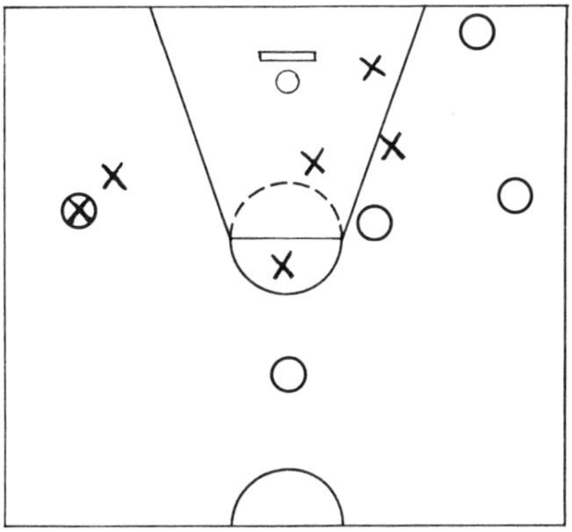

63

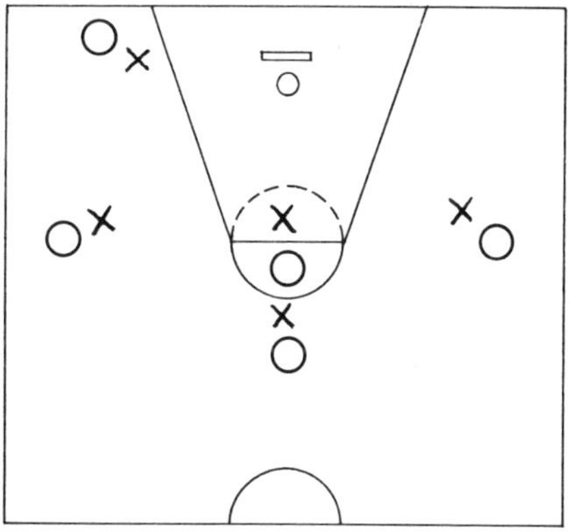

64

Vorteile:

- Starke Korbsicherung
- Günstige Reboundposition

Nachteile:

- Anfällig gegen schnelle Mitteldistanzwürfe
- Gefahr bei Wurfschirmen und direkten Blocks

Enge Manndeckung:

Um die enge Manndeckung erfolgreich einsetzen zu können, sind einige Voraussetzungen, die von der gesamten Mannschaft erfüllt werden müssen, notwendig.

Gute Beinarbeit und schneller Antritt ermöglichen es, auch bei Finten den Bewegungen des Gegners zu folgen. Weitere Voraussetzungen sind eine hohe Grundschnelligkeit und die Fähigkeit des peripheren Sehens, die in der Regel viel Spielerfahrung voraussetzt (s. Abb. 64).

Vorteile:

- Stören sämtlicher Aktionen des Angreifers (Paß, Dribbling, Wurf)
- Verleiten zu Paßfehlern
- Fernhalten der Angreifer vom Korb
- Verhindern von Weitwürfen

Nachteile:

- Foulgefahr
- Durchbruch des Angreifers zum Korb
- Anfällig gegen aktive und passive Blocks, sowie gegen Wurfschirme

Mann-Preßdeckung:

Die schwierigste und zugleich risikoreichste Deckungsform kann, wie die Zonenpresse, auf das ganze oder halbe Spielfeld ausgedehnt werden. Sie

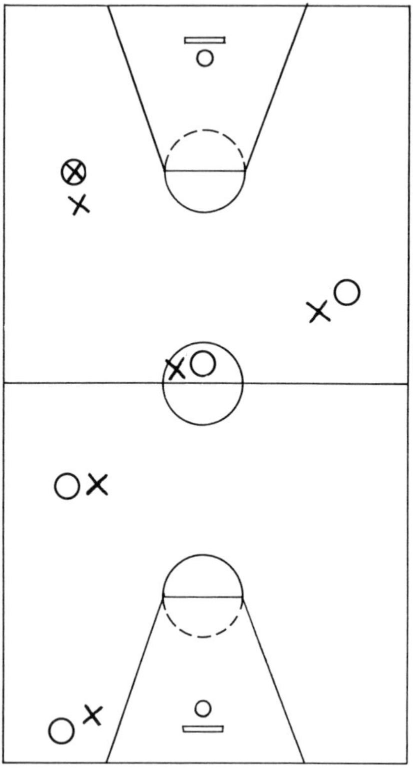

65

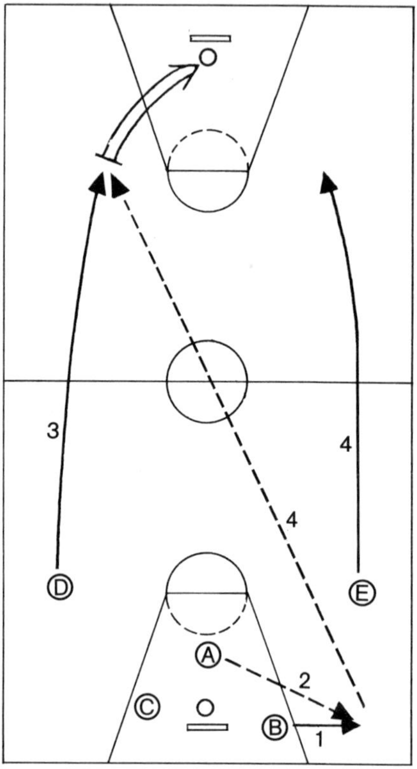

66

wird bei hoher Überlegenheit oder bei Korbrückstand zum Spielende angewandt (s. Abb. 65).

Für die Mann-Preßdeckung müssen ausgezeichnete Kondition, sehr gute Technik (vor allem Beinarbeit), sehr gutes Reaktionsvermögen und ausgezeichnetes peripheres Sehvermögen vorausgesetzt werden. Gutes Verständnis der Verteidiger untereinander ist selbstverständlich.

Vorteile:

- Der Gegner kann zu Abspielfehlern gezwungen werden
- Technische Fehler können ausgenutzt werden durch schnelles Umschalten auf Angriff
- Die 10- bzw. 30-Sekundenregel kann ausgenutzt werden

Nachteile:

- Korbdurchbrüche des Gegners sind schwer zu verhindern
- Schnelles Erreichen der Foulgrenze
- Rasche Ermüdung
- Anfällig gegen aktive und passive Blocks

Kombinierte Deckung

Sie stellt eine Zwitterform zwischen einer Raum- und Manndeckung dar. Verfügt der Gegner über einen außergewöhnlich guten Korbschützen, gilt es ihn mit einer engen Manndeckung auszuschalten. Dadurch wird der Fünferverband der Raumdeckung aufgelöst, so daß eine geeignete Formation gefunden werden muß, die den Verteidigungsaufgaben gerecht werden kann. Es bietet sich die 2 – 2 Raumdeckung an.
Vorteil:
- Unempfindlich gegen Weitwürfe von vorne und von der Grundlinie

Nachteile:
- Empfindlich gegen Mitteldistanzwürfe und Durchbrüche zum Korb von den Flügelpositionen
- Schwachstellen: Korbnaher Bereich (Anspielmöglichkeit für den Center)

Angriff

Aufgrund der geringen Spielfeldausmaße muß der Angriff beim Basketball sorgfältig geplant sein, um sich günstige Wurfpositionen zu verschaffen.

Schnellangriff

Gelegenheit zu einem Schnellangriff ist gegeben, wenn der Gegner überraschend den Ball verloren hat, oder wenn ein Einwurf schnell ausgeführt werden kann. Voraussetzungen für einen erfolgreichen Schnellangriff sind Antrittsschnelligkeit aller Spieler, Reboundstärke und sichere Ballführung. Hier sollen lediglich zwei Grundformen des Schnellangriffs besprochen werden: der Langpaß- und der Kurzpaßangriff.

Langpaßangriff
Nach einem Einwurf von der Grund- oder Seitenlinie bzw. Rebound ergibt sich die Möglichkeit zu einem Langpaßangriff.
Spieler A paßt zu Spieler B, Spieler C ist bereits gestartet und erhält durch einen langen Paß den Ball auf Höhe der Freiwurflinie. Spieler E läuft mit zum Rebound. Abschluß: Korbleger.
Eine weitere Möglichkeit zu einem Langpaßschnellangriff ergibt sich nach einem Rebound.
Spieler A fängt den Rebound, Spieler B setzt sich zur Seite ab und erhält den ersten Paß, Spieler D und Spieler E starten, D erhält den Langpaß und schließt mit einem Korbleger ab. E sichert den Rebound (s. Abb. 66).

Kurzpaßangriff
Es wird nur eine Form exemplarisch aufgezeigt. Kurzpaßangriff nach einem Rebound:
Spieler A paßt zu Spieler C, Spieler D läuft nach außen und erhält den Paß von C, Spieler E läuft mit und führt mit D den Schnellangriff zu Ende.
Wichtiger Hinweis:
Das Paßspiel unter maximaler Geschwindigkeit muß genügend geschult werden (s. Abb. 67).

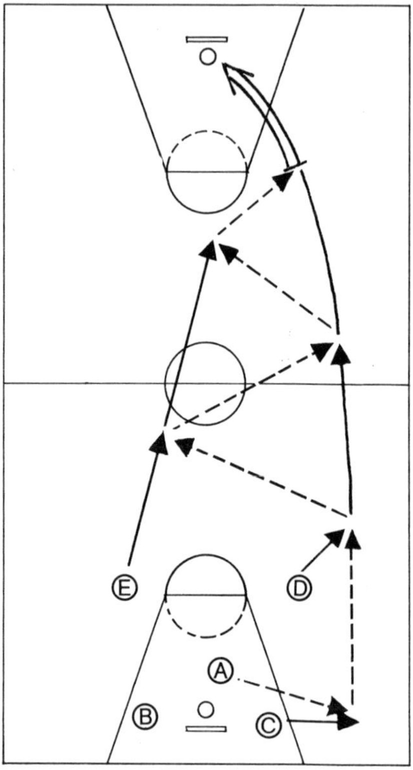

67

Angriff gegen die Raumdeckung

Um eine Raumdeckung erfolgreich bekämpfen zu können, ist das sichere Fangen und schnelle Passen eine Grundvoraussetzung. Die Flugbahn des Balles sollte waagerecht verlaufen. Damit ist die optimale Geschwindigkeit des Balles gewährleistet, d. h. der Ball ist schneller als der verteidigende Spieler. Unnötiges Dribbeln soll vermieden werden.
Die Angreifer sollen sich ständig um anspielbare Positionen bemühen.
Paß- und Wurffinten verleiten die Verteidiger zu Bewegungen, die den Angreifern Wurfmöglichkeiten eröffnen.
Durch planmäßige Veränderungen der Angreiferpositionen wird die Raumdeckung spielende Mannschaft in Konfliktsituationen gebracht, die den Angreifern weitere Wurfgelegenheiten bringen.

Überlagerung gegen 2 – 1 – 2 – Zone
Hierunter versteht man das Verlagern des Angriffsspiels auf eine Seite. Der Angriff auf der überlagerten Seite wird vorgetäuscht, um eine Wurfposition auf der gegenüberliegenden Seite frei zu machen (s. Abb. 68).

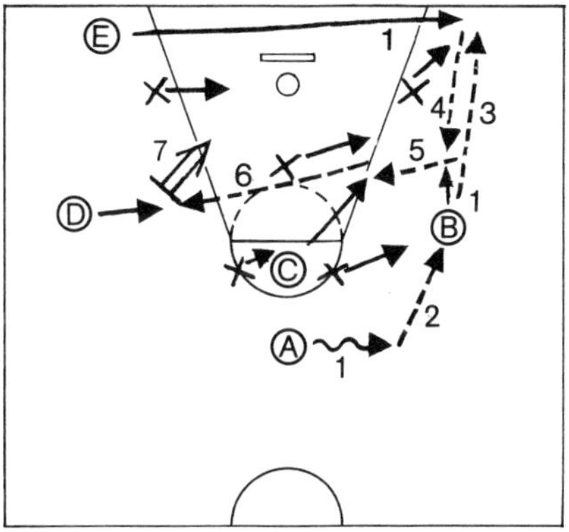

68

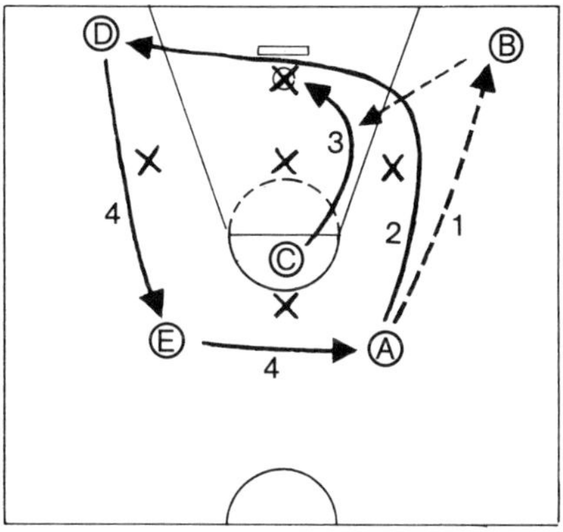

69

Angriffsformation 1 – 3 – 1:
Spieler A dribbelt nach rechts, Spieler E wechselt die Seite, Spieler B bewegt sich in Richtung Grundlinie, Spieler C läuft anspielbereit zur Seite. Dann paßt Spieler A zu Spieler B, der weiter zu E, von dort zurück zu B, der zu Spieler C paßt. Die Deckung orientiert sich zur überlagerten Seite, Spieler D erhält den Paß von C und wirft.
Wird die Wurfmöglichkeit nicht genutzt, erfolgt die gleiche Aktion auf der anderen Seite.

Rotation gegen 1 – 3 – 1 – Zone
Unter dem Begriff Rotation versteht man das planmäßige Verändern von Spielerpositionen mit oder gegen den Uhrzeigersinn.
Angriffsformation 2 – 1 – 2:
Spieler A paßt zu Spieler B, A schneidet zum Korb (mögliches Anspiel von B), Spieler C schneidet ebenfalls zum Korb (mögliches Anspiel von B), als Folge des Mitgehens der Verteidiger ergibt sich eine Wurfmöglichkeit für B. Gleichzeitig übernimmt A die Position von Spieler D, D die von Spieler E und E die von A.
Die gleiche Aktion kann spiegelbildlich auf der linken Seite durchgeführt werden (s. Abb. 69).

Angriff gegen die Manndeckung

Es sollen keine komplizierten Systeme aufgezeichnet werden, sondern in Anlehnung an die kleingruppentaktischen Formen werden Kombinationen gezeigt, die sowohl bei der Preßdeckung als auch bei der sinkenden und engen Manndeckung Anwendung finden können.
Je drei Beispiele mit drei verschiedenen Grundaufstellungen sollen exemplarisch vorgeführt werden.

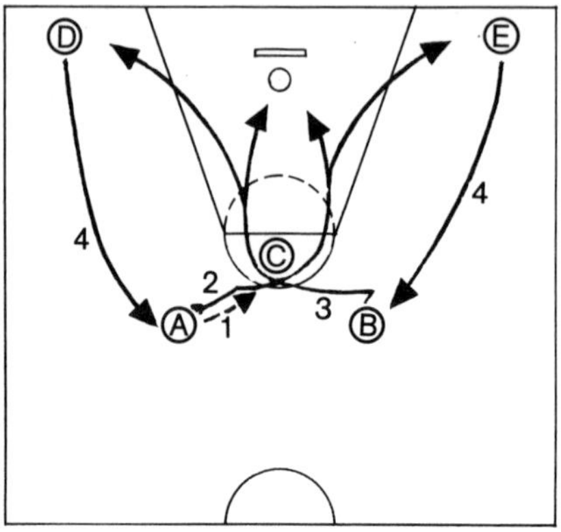

70

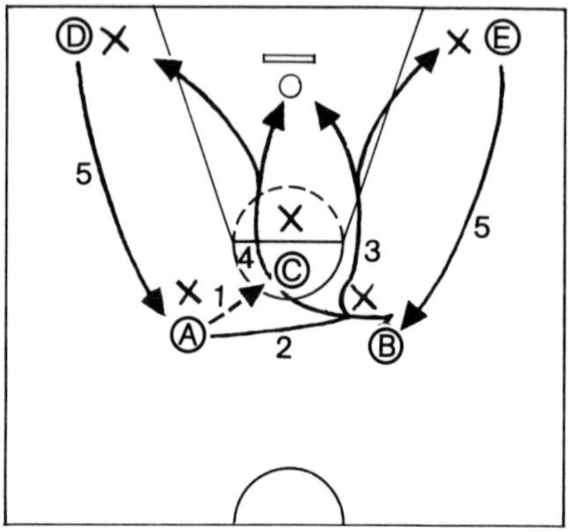

71

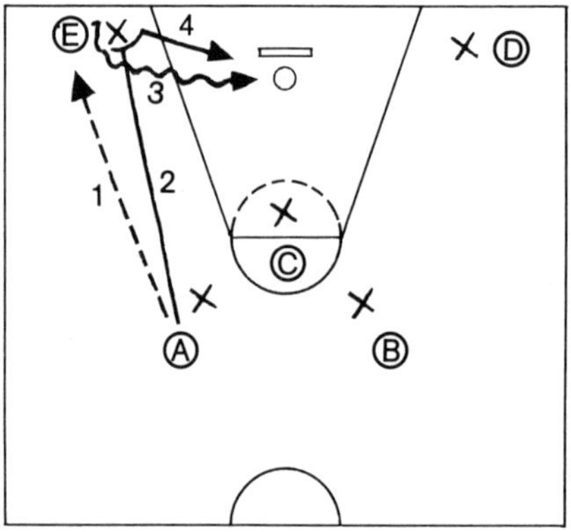

72

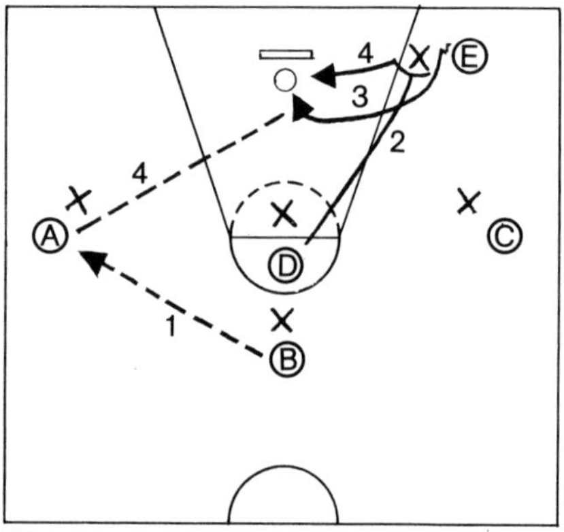

73

2 – 1 – 2 – Angriffsformation

Spieler A paßt zu Spieler C und kreuzt vor dem Post, Spieler B folgt ihm, Spieler D und Spieler E sichern die Deckung (s. Abb. 70).

Möglichkeiten für C:

- Ballübergabe an A oder B,
- C zieht selbst zum Korb,
- C spielt den Ball wieder heraus.

Alternativen:

A läuft nicht direkt an C vorbei, sondern blockt B frei. Sonst wie 1 (s. Abb. 71).

A paßt zu E und blockt ihn frei. E zieht zum Korb. A rollt ab (s. Abb. 72).

1 – 3 – 1 – Angriffsformation

Spieler B paßt zu Spieler A, Spieler D blockt Spieler E frei, E zieht zum Korb, A paßt zu 1, D rollt ab (s. Abb. 73).

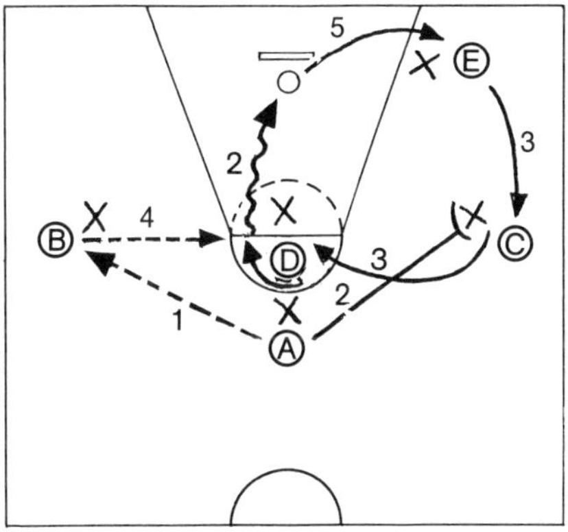

74

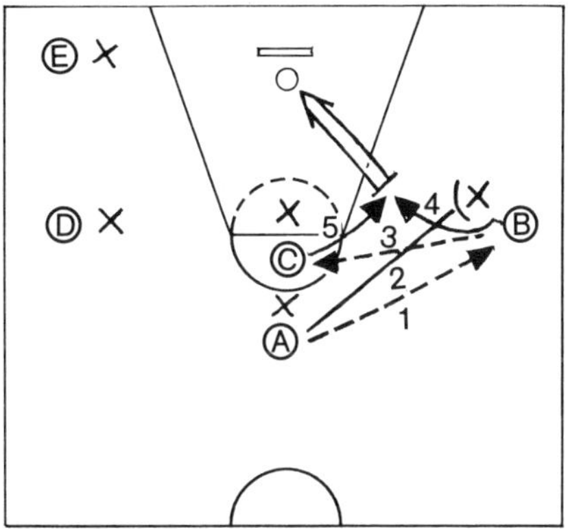

75

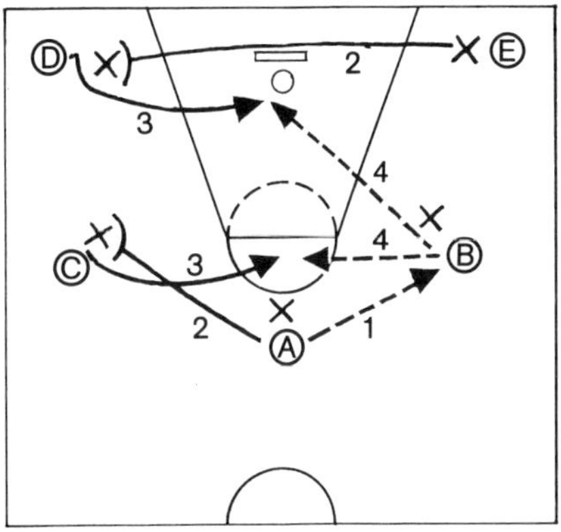

76

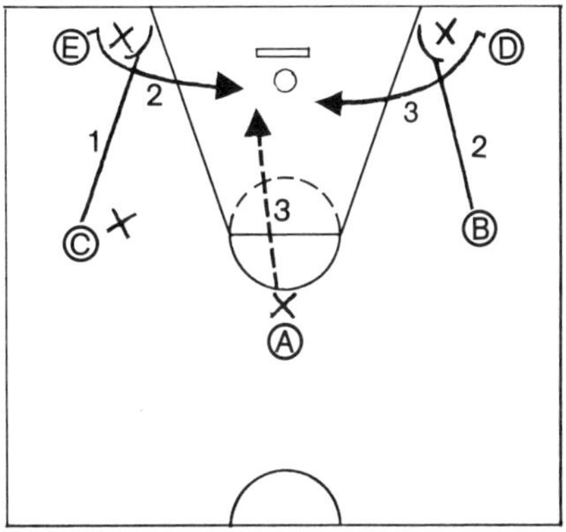

77

Spieler A paßt zu Spieler B und blockt Spieler C frei, gleichzeitig dreht Spieler D zum Korb ab, C läuft in Richtung Freiwurflinie (s. Abb. 74). A paßt entweder zu D oder C.

Spieler A paßt zu Spieler B und blockt ihn frei; B paßt zu C, B dreht ab zum Korb und erhält den Paß von C (s. Abb. 75).

1 – 2 – 2 – Angriffsformation

Spieler A paßt zu Spieler B, Spieler A und Spieler E blocken synchron Spieler C und Spieler D frei, C oder D können von B angespielt werden (s. Abb. 76).

Spieler B und Spieler C blocken synchron Spieler D und Spieler E frei. D und E laufen in Richtung Korb und können von A den Ball erhalten (s. Abb. 77).

Spieler A dribbelt auf die linke Seite, Spieler C und Spieler D bilden einen Block, Spieler E streift seinen Gegenspieler ab und nutzt den Block als Wurfschirm, Paß von A zu E (s. Abb. 78).

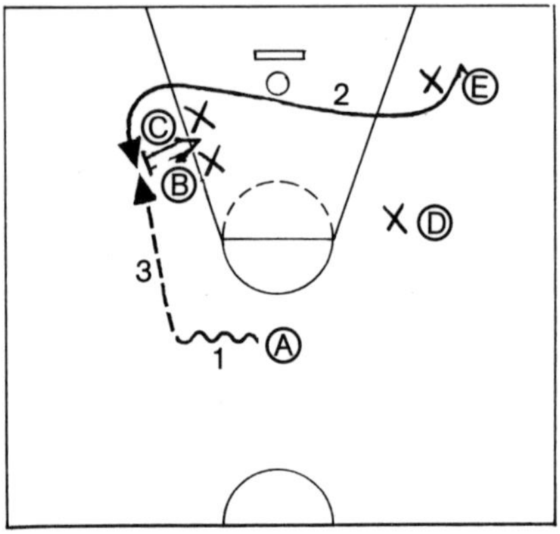

78

Literaturhinweise

Budinger, H. / Volfer, B. — Basket-Ball-Lehren, Kriftel (Wölber) 1963

Deutscher Basketball-Bund — Offizielle Basketballregeln 1976–1980, Karlsruhe 1977

Deutscher Basketball-Bund — Basketball – Regelinterpretation, Karlsruhe 1977

Deutscher Basketball-Bund — Fachzeitschrift, Herausgeber Deutscher Basketball-Bund

Dietrich, K. / Dürrwächter, G. / Schaller, H. J. — Die großen Spiele, Wuppertal 1976

Fetz, F. — Allgemeine Methodik der Leibesübungen, Frankfurt 1972

Hagedorn, G. — Das Basketballspiel, Köln 1968

Hagedorn, G. / Niedlich, D. / Schmidt, G. — Basketball Handbuch, Berlin 1976

Harre, D. — Trainingslehre, Berlin 1976

Koch, K. / Bernhard, G. Ungerer, D. — Motorisches Lernen, Üben Trainieren, Schorndorf 1972

Lakfalvi, L. — Basketball, Bad Homburg 1977

Kyriasoglou, Ch. — Basketball – Zonenverteidigung, Schorndorf 1975

Meinel, K. — Bewegungslehre, Berlin 1977

Neumann, H. — Basketball-Grundschule, Schorndorf 1970

Niedlich, D. / Cwalina — Basketball Teil 1 – Grundlagen der Technik, Ahrensburg 1971

Schünemann, P. / Koch, K. — Didaktisch-methodische Modelle für die Schulpraxis, Schorndorf 1972

Steinhöfer, D. — Basketball in der Schule, Berlin 1977

Stöcker, G. — Schulspiel – Basketball, Schorndorf 1971

Waldowski, L. — Grundschule des Basketballspiels, Münster 1976

Waldowski, L. — Basketballregeln, leicht verständlich, Eigenverlag 1976